▶中华传统文化通俗读本◀

中国人的 20个传统节日

武世同 编

经济科学出版社

图书在版编目（CIP）数据

中国人的 20 个传统节日 / 武世同编. —北京：经济科学出版社，2011.10（2015.3 重印）
ISBN 978 - 7 - 5141 - 1140 - 8

Ⅰ.①中… Ⅱ.①武… Ⅲ.①节日 - 风俗习惯 - 中国 Ⅳ.①K892.1

中国版本图书馆 CIP 数据核字（2011）第 201666 号

责任编辑：王东岗
版式设计：代小卫
责任印制：邱　天
插　　图：成秉羿

中国人的 20 个传统节日
武世同　编
经济科学出版社出版、发行　新华书店经销
社址：北京市海淀区阜成路甲 28 号　邮编：100142
总编部电话：010 - 88191217　发行部电话：010 - 88191522
网址：www.esp.com.cn
电子邮件：esp@esp.com.cn
天猫网店：经济科学出版社旗舰店
网址：http://jjkxcbs.tmall.com
北京中科印刷有限公司印装
880×1230　32 开　3.875 印张　90000 字
2011 年 10 月第 1 版　2015 年 3 月第 2 次印刷
ISBN 978 - 7 - 5141 - 1140 - 8　定价：12.00 元
(图书出现印装问题，本社负责调换。电话：010 - 88191502)
(版权所有　侵权必究　举报电话：010 - 88191586
电子邮箱：dbts@esp.com.cn)

目 录

我们的节日 .... / 1

第一个节日 春节 .... / 8

第二个节日 立春 .... / 14

第三个节日 上元节 .... / 19

第四个节日 二月二 .... / 27

第五个节日 花朝节 .... / 33

第六个节日　上巳节
………/ 37

第七个节日　寒食节
………/ 42

第八个节日　清明节
………/ 48

第九个节日　端午节
………/ 55

第十个节日　天贶节
………/ 62

第十一个节日　乞巧节
………/ 67

第十二个节日　中元节
………/ 72

第十三个节日　中秋节
………/ 76

第十四个节日　重阳节
………/ 82

目录

第十五个节日　寒衣节
　　　　　………/ **89**

第十六个节日　下元节
　　　　　………/ **93**

第十七个节日　冬至
　　　　　………/ **97**

第十八个节日　腊八
　　　　　………/ **102**

第十九个节日　腊月二十三
　　　　　………/ **106**

第二十个节日　除夕
　　　　　………/ **110**

爱国　爱家　爱过节
　　　　　………/ **115**

节　日

我们都喜欢过节，因为许多节日都是国家规定的法定假日，在假日里，工人不用上班、学生不用上学、农民不用下地干活，我们可以去旅游、逛街，也可以一家人团聚在一起乐享天伦；我们可以摆弄那些五花八门的"业余爱好"，可以休息一下我们紧张的身心，保持充沛的精力和愉快的心情。

其实，仔细想想就会发现，节日和假日又是不同的。单就法定假日来说，它是国家规定的、全民享有的休息时间，这里，休息时间的含义是"暂时不工作或不学习的时间"，是由国家保障的一种国民福利。比如，每年的元旦、春节，还有劳动节、国庆节等等。2012年到2014年法定休假的节日从下面的表格里可以看得更清楚一些：

节日名称	过节时间		
	2012年	2013年	2014年
元　旦	1月1日	1月1日	1月1日
春　节	1月23日	2月10日	1月31日
清明节	4月4日	4月4日	4月5日
劳动节	5月1日	5月1日	5月1日

中国人的20个传统节日

续表

节日名称	过节时间		
	2012年	2013年	2014年
端午节	6月23日	6月22日	6月2日
中秋节	9月30日	9月19日	9月8日
国庆节	10月1日	10月1日	10月1日

在上面的表格里，法定休假的节日一共有7个，我们中国人的传统节日就占了4个：春节、清明节、端午节和中秋节。在中华民族源远流长的历史长河中，我们的祖先在生产、生活当中逐渐形成的节日还有许多，比如，大家熟悉和喜欢的正月十五元宵节，以及七月初七的乞巧节、九月初九的重阳节、腊月初八的腊八节等等，这些传统节日在今天都没有被确定为法定假日。所以，在我们今天的生活当中，有些日子是"节"但不是"假"；当然，也有是"假"但不过节的时候，比如，寒假、暑假，还有，让我们很难过的"病假"。

那么在古代，"过节"和"放假"是不是一回事呢？如果不放假，古代的人们为什么要过节呢？"节"又是怎么来的呢？

我们今天的"节"字是一个简化字，这个字在以前写做"節"，竹字头，下面一个"即"字，它与竹有关，发音接近"即"。节字最初的意思很简单，就是指"竹节"。人们认识世界都是从表面的现象开始的，从观察自然界的现象，到思考其中的规律，再推演出普遍的道理。竹子挺拔、修长，但它并不是一口气不停顿地往上疯长，而是一节一节地、逐渐地慢慢长上去的。大自然造就的这个物种真是神奇：它有着不可阻挡的生命力，别说是深埋在泥土里，就是上面压着石头，它也会破土而出；它蕴藏着旺盛的生长力，朝着太阳的方向尽力延伸，

同时，它的这种惊人的生命力、生长力却似乎又是有节制、有停顿、分阶段的。纵与节、动与止之间相辅相成的关系，在竹子的身上表现得如此透彻，这个奇妙的自然现象极大地启发了我们祖先的智慧。

看似漫漫无涯的时间，实际上有着春去春来的轮回、月圆月缺的轮回、日出日落的轮回，不也正是像竹节那样可以分成一节一节、一段一段地来认识和把握吗？于是，我们的祖先用他们无与伦比的想象力，创造出了年节、季节、时节等等这样充满了天人合一智慧思想的字、词、概念，用来表达人对于自然的敬重和顺应，用来约束和指导人们对于自然的索取和利用。

天人合一，用我们今天的话来解释，意思也不难理解。"天"，就我们生存的这个叫做地球的星球，以及这个星球运行、变化的客观规律，或者就是我们通常所说的"大自然"；"人"就是我们人类，以及我们生存、发展的各种活动。人只不过是大自然的一部分，人类所能创造的一切，都不会脱离大自然所提供的条件，都不会超出大自然所允许的范围。因此，人只有知天、顺天、应天，才能得天时地利，才能有所作为，才能生存发展。与天合而为一，而不是与天"一分为二"，这是中华民族传统文化的基本观点。

春、夏、秋、冬的交替是"天"所为，而春种、夏长、秋收、冬藏则是人的顺天而为，在我们的祖先看来，万物萌动的"春"是一年之始，而静养蓄势的"冬"是一年之终，于是，祖先们就把"一年"这个自然时段的起止节点认定在春之初、冬之尾。所以，新年的第一天，在古时候也叫"元日"，取"一元复始"的意思；全年的最后一天，在古时候也叫"岁除"，取"一岁已尽"的意思。

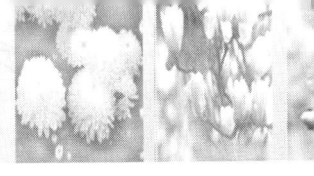

把时间看成像竹节一样一段一段的,并不是古人简单的比喻,而是一整套理论:年、季是时段,月、日也是时段。

"月",顾名思义,就是根据月亮的周期变化确定的一个时间段,在古人看来,月亮从暗淡无光,到弯如钩镰,到圆似银盘,再到弯如钩镰,最后又回到了暗淡无光的状态,这个过程所经历的时间,就被称为"月"。

除了年、季、月之外,我们的祖先在长期的生产、生活实践中,观察发现了24个与农事活动密切相关时间"节点",古人把它们称为"二十四节气"。

春季	立春 2月3~5日	雨水 2月18~20日	惊蛰 3月5~7日
	春分 3月20~22日	清明 4月4~6日	谷雨 4月19~21日
夏季	立夏 5月5~7日	小满 5月20~22日	芒种 6月5~7日
	夏至 6月21~22日	小暑 7月6~8日	大暑 7月22~24日
秋季	立秋 8月7~9日	处暑 8月22~24日	白露 9月7~9日
	秋分 9月22~24日	寒露 10月8~9日	霜降 10月23~24日
冬季	立冬 11月7~8日	小雪 11月22~23日	大雪 12月6~8日
	冬至 12月21~23日	小寒 1月5~7日	大寒 1月20~21日

虽然,一天当中的一个"时辰"也可以称为一个时段:古人把一天分为12个"时辰",每个"时辰"相当于现在的2小

时，有兴趣的读者可以看看本章最后的附录。但是，作为一个完整时段，最小的是一天，所以，无论是一年当中，一季当中，还是一月当中，或是在24个节气里面，古人就把这些时段里最重要的节点，确定在某一天上，这一天就逐渐演变为我们中国人的传统节日。

古人认为哪些日子特别重要，他们在这些日子里又做些什么呢？

我们先来看看在古人心目中，哪些日子特别重要。

在祖先们的精神世界里，"天奇地偶"是一个根深蒂固的观念，他们认为奇数是"天数"，"数起于一，立于三，成于五，盛于七，处于九"的说法是人们普遍公认的，而奇数的重叠更是一个神圣的数字，所以，大多数节日都是奇数重叠的日子，比如一月一日、三月三日、五月五日、七月七日、九月九日；"十五"虽然不是重叠的奇数，但是这一天月圆无缺、清晖普照，不能不引起人们对于"在天神灵"的无限遐想，像一月十五、七月十五、八月十五这样的日子演化为节日，也就不难理解了。与奇数的用意相对应，偶数则被认为是可以与土地神灵沟通的数字，有些偶数重叠的日子在古人心目中也很重要，如二月二、六月六等，也逐渐变成了传统的节日。

从节日日期的形成上，我们可以看出，节日总是和"神灵"有关的。那么，我们的祖先们在这些和"神灵"有关的日子里都做些什么呢？

历史学家、考古学家的大量研究成果证明，我们的传统节日，最初实际上是"祭日"，在祖先们选定的那些特殊日子，上至皇亲国戚，下至黎民百姓，都把自己日常的"本职工作"停下来，集中到特定的或者适宜的场合，或以专门的礼仪、或依民间的风俗来祭拜他们心目中的天神、地神，或在他们的想

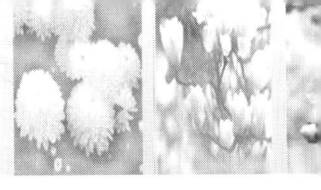

象中已经化为鬼神的逝去亲人们,以祈求他们给予世人所企望的事物,比如风调雨顺,比如早得贵子;同时免除世人所畏惧的事物,比如洪涝旱涝,比如伤痛病恙。经过长期的演化,"祭日"活动中那些繁琐的膜拜、复杂的仪式,以及许多营造恐怖气氛的活动,逐渐被老百姓所抛弃;而那些愉快的、欢乐的、吉祥的,以及鼓励人们享受劳动成果的内容,却被一代一代地传承下来,变成了今天我们喜爱的节日。难怪我们周边一些使用汉字的国家,比如日本和韩国,"节日"的节字,仍然写做"祭",把"某某节"叫做"某某祭"呢。

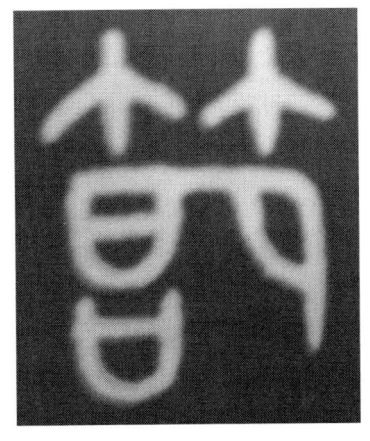

当然,古往今来的定期祭祀活动数不胜数,并不是所有的定期祭祀都能够演变成节日。只有那些规模很大、日期十分明确、固定的祭祀活动,才有条件逐步形成节日。

附录:一天中的十二个时辰

在古代,人们为了能够比较准确地记录时间,以古人用来记录序数的十二"地支",把一天分为12个"时辰",每个时辰等于现在的2小时。古人对于时辰,不仅有以地支序列为名的"正式称呼",还有十分生动形象的"别称",这些"别称"流传到今天,有的已经成为我们日常生活或文学创作中的常用词汇了。

时辰的名称	表示的时间范围	时辰的别称
子时	23 时至翌日 1 时	夜半
丑时	1 时至 3 时	鸡鸣
寅时	3 时至 5 时	平旦
卯时	5 时至 7 时	日出
辰时	7 时至 9 时	食时
巳时	9 时至 11 时	隅中
午时	11 时至 13 时	日中
未时	13 时至 15 时	日昳①
申时	15 时至 17 时	晡②时
酉时	17 时至 19 时	日入
戌时	19 时至 21 时	黄昏
亥时	21 时至 23 时	人定

① 昳，die，二声，太阳偏西。
② 晡，bu，一声。

春　节

　　我们现在叫做春节的这个喜庆节日，实际上就是中国传统节日中的元旦。在汉语里，"元"字表示"开始"、"领头"的意思；"旦"是个象形字，上面的"日"字无疑就是太阳，下面的"一横"象征大地，意思是"太阳刚刚从地平线上升起来"，代表"早晨"，又因为每一天都是从早晨开始的，"旦"就引申出表示"一天"的含义。新的一年第一个月的第一天，就是理所当然的"元旦"了。

　　那么，为什么这个一年当中为首的节日不叫"元旦"而称"春节"呢？这里面有一个曲折的故事。

　　早在4000年前，中华民族的祖先用来推算年、月、日和节气，并用它们来计算时间的方法叫做"夏历"，按照夏历，每年的正①月初一，即一月一日为元旦，也叫元日、正日，但是到了夏代以后的商、周，以及秦始皇统一中国后建立的秦王朝，都对历法进行了改动，到底哪一天是元旦，出现了混乱的情况，直到汉武帝恢复夏历，

---

① 正，读 zheng，一声。

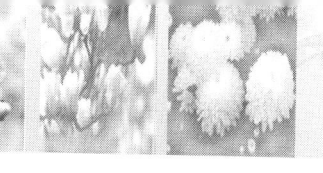

第一个节日　春节

按照夏历计算的正月初一为新年第一天，才固定下来并一直流传到今天。我们现在所说的"农历"、"阴历"，其实就是"夏历"，我国周边的朝鲜、韩国、越南，以及早年的日本，都使用夏历，特别是要用夏历推算重要的传统节日。

我国民主革命的伟大先驱孙中山先生领导的辛亥革命，推翻了清朝封建王朝，建立了中华民国。1912年，孙中山在南京就任中华民国临时大总统，宣布国际通行的公历为法定历法，同时，使用民国纪年。也就是说，正式表达年、月、日时间使用公历，即公元纪年法，而年号的称谓则按照民国建立的时间排序，公元1912年是民国元年，那么，抗日战争胜利的1945年，就是民国三十三年；国民党政权在中国大陆被推翻的1949年，就是民国三十七年。1912年中华民国建立时，当年的1月1日称"新年"而没有使用"元旦"的称谓，夏历继续在民间广泛沿用，这一年的2月18日是夏历的正月初一，全国上下依旧过年。针对一年之中过两次"年"的情况，1913年7月，当时的北京政府内务总长向已经窃取了大总统职位的袁世凯报告说："我国旧俗，每年四时节令，即应明文规定，拟请定阴历元旦为春节，端午为夏节，中秋为秋节，冬至为冬节，凡我国民都得休息，在公人员，亦准假一日。"但袁世凯接到报告后，只批准了"正月初一为春节"这一项内容，并决定自1914年起每逢春节例行休假。从此以后，夏历的元旦改称春节。

1949年9月27日，中国人民政治协商会议第一届全体会议做出了建立中华人民共和国的庄严决定。同时，决定采用国际通行的公元纪年法，公元纪年的1月1日为元旦，夏历（也就是通常所说的农历、阴历）正月初一称春节。春节放假一天的制度由此又延续了50年，到1999年，国务院在广泛征集民意的基础上，将春节休假调整为3天。

春节是全世界华人最为重视的盛大节日，数千年的悠久历史

像一条奔腾不息的长河，时间的河水带走了这个古老节日的许多内容，又不断地为这个古老节日增添着新的内容，使春节成为文化积淀深厚的中华民族的标识和品牌。

今天的春节是我们生活的一部分，怎么过节，似乎是我们自家的事情，怎么高兴就怎么过，但是，当我们回顾历史、追溯传统的时候，我们就会发现，我们祖先的习俗深深烙印在今天的节庆活动之中。

公元前104年是汉武帝太初元年，在这一年，汉武帝刘彻令全国以夏历正月初一为"岁首"，年节日期由此固定下来。即便不计算在这之前华夏先民将近2000年以夏历元旦为"年"的过节传统，中国人的"过年"习俗也有2100多年的历史了。在这样漫长的时间里，随着国家版图的变化、民族之间的交流与融合，"正月初一过大年"的民俗蔚然成风，汉族、满族、朝鲜族过节风尚相差无几；这一天也是苗族、壮（僮）族、瑶族人民的盛大节日；在古代蒙古族语言里，正月初一称"白节"，正月为"白月"，而"白"的含义则是"吉祥如意"。

其实，庆祝新年的习俗全世界各民族都有，只是"过年"的时间有所不同罢了。为什么全人类都重视新年呢？许多专家认为，这个现象与人类有一种共同愿望有关，这种愿望就是"从头再来"、"重新来过"，或者说"再来一次"的企盼。时间是一往直前、永不回头的，"子在川上曰：逝者如斯夫，不舍昼夜"，时光流逝给人们留下许多遗憾，也给人们留下许多希望：不如意的事情下次要做得好一些，满意的事情下次一定要坚持住。而老天，也就是大自然恰好给了人们这个"下次再来"的机会：冬去春再来，一年过后有新年。于是，古人便在新年到来的时候，一方面，祭拜天地神灵，祈求它们使春夏秋冬、风霜雨雪重新再来时，给人类机会多一点、"难题"少一点，人们会对象征神灵的自然现象或人工物品顶礼膜拜；另一方面，庆幸自己和家人，好也罢、差

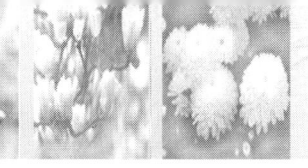

第一个节日　春节

也罢，总算度过了旧的一年，迎来了新的生机和希望，人们会摆酒设宴、更新衣履来款待自己和家人；同时，我们的祖先决不会忘记将美好的希望与亲朋好友、邻里街坊共享，人们会走亲访友，送上祝福。

我们不妨以北宋著名的大文学家王安石的《元旦》诗为线索，讲一讲古人过年的趣事。

王安石在这首脍炙人口、家喻户晓的七言绝句中写到：

爆竹声中一岁除，

春风送暖入屠苏。

千门万户曈曈①日，

总把新桃换旧符。

据说在古时候，春节早上家门一开，就要先放爆竹，我们也

---

① 曈：tong，二声；曈曈：日出光亮的样子。

叫"放鞭炮",旧称"开门炮仗",爆竹声响,热烈非常,喧腾的气氛顿时弥漫在村头街尾;爆竹声后,碎红遍地,喜庆的气氛即刻感染了老少妇孺。中国是火药的发祥地,爆竹的制作历史悠久,品类繁多、花样翻新,总是为节日增添着无穷的乐趣;烟花的出现,更成为节日里一道壮美的景观。

中国自古就是崇尚美食的国度,孔老夫子早就教导过后人"食不厌精,脍①不厌细"的道理。享用佳肴美酒,是过春节必不可少的内容。但是,饮"屠苏"酒的习俗现在却不多见了。相传,屠苏酒是用大黄、桔②梗、川椒、桂心、茱萸③、防风等多味中药炮制而成的一种药酒。用酒煎煮之前,先要用被称为"绛囊"的紫红色布袋把按比例配好的中药装起来,用线绳拴好悬吊在井里,经井水浸泡后,在春节这天的寅时,也就是凌晨3点到5点这段时间,取出来煎制。这种药酒祛风祛寒,强身健体,适宜冬季进补;而且古人相信,制作屠苏酒的药材在井水浸泡的过程中接通了地气,更有扶正镇邪的功效。屠苏酒的饮酒风俗也别具特点:通常饮酒是年长者先、年幼者后,以幼敬长;饮屠苏酒却是年幼者先、年长者后。对这种风俗,有一种解释认为,年幼者又长大了一岁,先饮以示祝贺,而年长者又衰老了一岁,后饮以示挽留。

中华民族自古重亲情、讲和睦。在新春和煦的阳光照耀下,千家万户开门迎宾朋、出门访亲友,接吉祥、送祝福,这就是春节习俗中的"拜年",也叫"走春"、"探春"。古时候,"男主外,女主内",出门拜年是男人们做的事情,初一早起,男人们穿上光鲜整洁的衣服,到亲戚朋友、街坊邻居家拜年,拜年一般就是对被拜访的人说一些祝贺新年的吉利话,如果是同族的晚辈,还要

---

① 脍,kuai,四声,把鱼或肉切成薄片。
② 桔,jie,二声;桔梗:多年生草本植物,根可入药。
③ 萸,yu,二声;茱萸:落叶乔木,果实可入药。

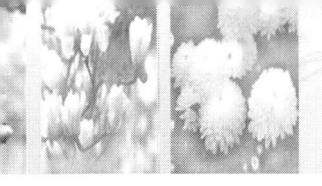

第一个节日 春节

向被拜访的长辈磕头行礼；接受拜访的人要以吉祥的话语回贺，并给予简单的款待。拜年的形式也是多种多样的，除了自家人单独拜访以外，有同族长辈率领若干族人集体拜访的，也有一起共事的同僚、同事相约集体拜访的。如果亲朋好友聚在一起互相祝贺，则称"团拜"。久而久之，登门造访这种耗时费力的拜年形式不免使人心生倦意，于是，一些有身份地位、有文化的人想到用"飞帖"形式拜年，用"门簿"形式接受贺拜。具体做法是，用裁剪成二寸宽、三寸长的梅花笺纸制作特殊的"名帖"①，差遣仆人或委托弟子等，将这种特制的名帖送往被拜访者家中，即所谓"飞帖"；同时，在自家大门的外面粘上一个红色的纸袋，以方便投帖者将名帖放在里面，即所谓"门簿"。"飞帖"拜年大概就是今天我们常用的"贺年片"的起源吧？

　　古人在新年到来的时候，要用欢乐的形式迎接好运，也要用威慑的象征驱赶厄运。自古以来，人们普遍使用的驱赶厄运的"辟邪"方法就是悬挂"桃符"。在古代神话中，鬼蜮世界的大门外有一棵巨大的桃树，每当黎明落在树上的金鸡鸣叫时，在外游荡的鬼魂必须赶回鬼蜮之内，而把守在门边叫做"神荼②"和"郁垒"的两个神仙就会进行盘查，凡有祸害民间的，就捆起来喂老虎，所以，作孽的妖魔鬼怪害怕走近桃树，更不敢见到"神荼"和"郁垒"。按照这样的神话传说，人们便用桃木雕刻"神荼"和"郁垒"的形象挂在门外，震慑妖魔、驱邪避害。再以后，也许是"神荼"和"郁垒"的形象渐渐失传，也许是雕刻工艺过于麻烦，人们就只是在桃木板上刻写神荼和郁垒的名字了。这种辟邪用的桃木板，被称为"桃符"。

---

　　① 名帖，也叫"名刺"，是古人拜访时通姓名用的名片，与现在的名片作用相同。

　　② 荼，tu，二声。

立 春

  立春,是二十四节气中的第一个节气。如果说春节是新年开始的标志,那么立春就是春天开始的标志;如果说春节是中国古老历法中的元旦,那么立春才是真正意义上"春节——春天的节日"。

  作为一个古老的农耕国度,农业种植是中华民族安身的根本,也是封建王朝统治的根基,从皇室到朝廷再到黎民百姓,无不重视农业生产,因而也特别重视与农耕种植活动息息相关的季节、气候变化。根据这个道理,我们就可以理解为什么立春这个农时节气,同时又是一个颇为隆重的节日了。

  古人说:"阳气动物,于时为春","春者出生万物",乃"养生之首"。这说明,我们的祖先早就明确认识到春季对于农耕种植活动的意义了。农业生产与工业制造之间最大的区别,就在于农业的种植活动只能在这个特定季节开始,而不像工业的加工活动那样可以在任何时候随时进行。贻误了工时只是耽误一时,而贻误了农时则会耽误整整一年的收成。民谚所说的"一年之计在于春",就是这个意思。

· 14 ·

第二个节日　立春

所以，在这个大地回暖、万物萌动的最佳耕种时节，把人们从"冬眠"的"昏睡"状态中推醒，振奋精神，鼓舞干劲，尽快投身到春耕劳动中去，就是"立春"作为一个节日的主要目的所在。当然，在这样重要的日子里，祈求神明的护佑也一定是必不可少的。

据说，把"立春"这个节气同时当做节日来过的历史，起码也有3000多年了。在历史上，庆祝立春首先是由官方举办的活动，尔后逐渐成为民间的风俗，就是古人所说的"上以风化下"：君王皇帝以坚持不懈礼仪活动形成一种风尚，并用来教化天下子民。据史书记载，早在周朝的时候，每逢立春，周天子都要提前戒酒、不吃荤腥，穿戴整洁的服饰，虔诚地做好迎接春天之神来临的准备。在古代神话中，金木水火土各路神仙中，木神是执掌春天的神仙，名叫"句①芒"，居东方。因此，在立春这一天，周天子亲率三公九卿诸侯大夫，来到距离国都以东八里外的郊区举行迎春仪式，仪式中安排了许多象征耕种的表演，以及祈求丰收的祭拜，显示君王身体力行的表率意义，号召普天之下的臣民们赶快行动起来，抓紧春耕、春种。这种顺应天时，组织和推动全国春耕生产的活动，后来变成了皇家、朝廷的一项制度，一直延续到中国的最后一个封建王朝——清朝。

立春演变为民间节日以后，仍然以"劝农春耕"为主题，但内容则丰富了许多。节日活动中最为普遍的，要数"鞭春牛"了。各地的能工巧匠们，用泥土塑造或用彩纸扎制耕牛的形状，百姓在举行了"迎春牛"、"拜春牛"等一系列仪式后，便争相上前鞭打"春牛"，直到打烂，庆祝活动在一片喧闹的热烈气氛中达到高潮。以至于人们干脆就把立春这一天称为"打春"。再到后来，人们在彩纸扎制的"春牛"肚子里装上干果食品，彩纸被人们用鞭

---

① 句，gou，一声。

子打破以后,这些干果食品便抛洒出来,围观的小孩子们一哄而上,争而食之,更增加了节日的热闹气氛,同时也更直接地预示了耕种与收获的内在联系。春牛也成了立春节日中标志性的吉祥物,民间艺人多制作玩偶一样的小泥牛,以供人们相互之间"送春";张贴用黄纸绘画耕牛的"春牛图"也广为流行。除了"春牛"之外,在立春节日期间,妇女们把叫做"春鸡"的剪纸贴在窗上,姑娘们把用羽毛粘制的"春蛾"戴在头上,长辈们把绢制的"春娃"拴在小孩的身上。也有一些地方,讲究把盛着五谷杂粮的小布袋挂在耕牛的犄角上,取春耕顺利、五谷丰登的吉祥寓意。

　　但凡过节,吃喝总是少不了的;不仅要吃喝,还要吃好喝好。在古人看来,"吃好喝好"不一定非要吃大鱼大肉,而是要讲究"时令",要"应时应季",要尝"时鲜"。比如民谚说的"春人饮春酒",比如大诗人杜甫诗中的"春日春盘细生菜",比如大文豪苏轼提到的"青蒿黄韭蔟春盘"。

　　先说"春酒"。由东汉末期流传下来的一部叫做《四民月令》的农书当中,我们可以了解到,春酒是每年正月所酿之酒,原料是稻米。曹操曾经将自己家乡亳州特产的"九酝春酒"进献给汉献帝刘协,并详细介绍了这种美酒的酿制方法和滋补特性,使春酒名声大振。而我们对于春酒的认识,可能更多的是从台湾女作家琦君的散文《春酒》中得来的。从《春酒》中透出的浓浓春意、悠悠乡情中,我们不仅深切体会到中华民族传统家庭里母亲的勤劳智慧、亲眷邻里之间的和睦融洽,也了解了春酒的醇厚与美妙。

　　再说"春盘"。有一种说法认为,春盘就是"五辛盘"的雅称,"五辛盘"由葱、蒜、椒、姜、芥五种辛辣食物拼成一盘,作为节日就餐的作料,以辛辣食品佐餐,具有催人清醒、赶走困倦

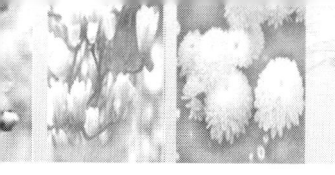

第二个节日　立春

的作用。更为普遍的说法来自古书："立春日，食芦菔①、春饼、生菜，号春盘"的记载，由此人们认为，把萝卜、春饼和生菜一起装盘，就叫做"春盘"，吃春饼、吃生萝卜，叫"咬春"，既品尝了春鲜，还可以祛除久积腹内的浊气。而春饼的制作，因地而异，门道就更多了。我们以北京地方特色为例，说说春饼的故事。

春饼是一种有馅儿的面食，但它的馅儿不是事先包在里面的，而是在吃的时候用面饼裹住的，裹在里边的馅儿叫"合菜"，裹"合菜"的面饼也叫"荷叶饼"，但吃春饼用的"荷叶饼"和吃北京烤鸭用的"荷叶饼"不同，吃烤鸭的"荷叶饼"是在笼屉里蒸出来的，吃春饼的"荷叶饼"则是在饼铛上烙出来的。烙"荷叶饼"是有讲究的，烙出来的薄薄一张饼，口感不能艮硬，也不能过于绵软，吃起来咬得动，又有嚼头。"合菜"的制作就更讲究了，春饼的所有"春意"都在这盘"合菜"里面。古人认为，"春初早韭，秋末晚菘②"，为蔬菜中的最鲜，吃春饼自然少不得春韭。北京人吃春饼的合菜是用青嫩新鲜的韭菜、绿豆芽、粉丝与切成丝的猪里脊肉一起炒制而成的，即将炒熟出锅前，一定要加少许香醋，把这种合菜卷裹在荷叶饼里大口吃下去，清香爽口，味道好极了。有条件的人家，炒合菜不放肉丝，另外把肥而不腻、瘦而不柴、肥瘦相间的酱肉切成细条，把摊得薄薄的鸡蛋饼也切成细条，与素合菜一同卷裹在荷叶饼里，吃起来更是风味独具、大快朵颐。不要以为这仅仅是民间百姓的吃法，皇宫贵胄也不例外，末代皇帝溥仪在他写的《我的前半生》这本书里，就念念不忘地回忆起曾经一下子连吃六个春饼，撑得几乎走不动路的"糗事"。

在北方，人们所说的春饼与另外一种家常美食——"春卷"

---

① 菔，fu，二声；芦菔：即莱菔，萝卜。
② 菘，song，一声，大白菜。

· 17 ·

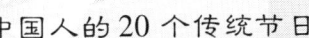

不同，春卷是包裹了豆芽、胡萝卜丝等蔬菜以后，用油煎炸后食用的，也是立春应季的食品。

上 元 节

在中国古代传说中,当混沌一体的世界清气上升、浊气下降之后,就出现了天、地、水三种事物,这三种事物是世界万物的开端,被称为"三元",就像古人说的"夫混沌分后,有天地水三元之气,生成人伦,长①养万物"。而"天"为"三元"之首,位尊"上元",我们的祖先必定要挑选一个最合适的日子,来祭拜天神,也就是天上的皇帝,古人把这位神仙称为"太一"神。

那么应该选择哪一天来祭祀"太一"神呢?我们的祖先认为选择正月的"望"日是最合适的。每个月的月中,地球恰好运行到太阳与月亮之间的位置,这时,夕阳西下,明月东升,地球上能够看到一轮圆圆的月亮,这一天就叫做"望",一般都是在每月的十五。在古人看来,十五的夜晚圆月高照,是各路神仙鬼怪最活跃的时候,应该在这个时候用各种祭奠活动来加以安抚,所以,中国的许多传统节日都是设定在十五这一天的。而正月十五是一年当中的第一个月圆"望"日,在这个首

---

① 长,读 zhang,三声。

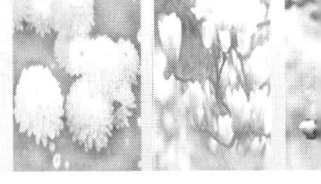

"望"之日祭奠首要之神,自然最能表现人们的虔诚和敬重,所以,祭拜天神"太一"的日子就被确定在正月十五,称"上元节"。

"上元"从一个祭拜天神的日子,演变为一个全民参与的盛大而隆重的节日,与中国的道教以及从印度传来的佛教有着密切的关系。据说,早在秦朝就有过上元节的记载,但开始的时候节庆活动规模很小。由于道教倡导"三元"的说教,认为祭拜主管"上元"的"天官"可以得到好运,又因为道教在中国有着长久而深厚的群众基础,不仅是道教信徒,就连普通百姓也十分信奉"天官赐福"的说法,这就从精神上动员了越来越多的人参与上元节的喜庆活动。东汉明帝时,蔡愔①从印度学佛求法回到祖国,将佛教连同僧侣的习俗传入中原。在佛教习俗里,每逢于正月十五,佛寺众僧都要集体瞻仰佛舍利②,舍利的光芒会洗涤僧徒的心灵、启迪僧徒的智慧。笃信佛法的汉明帝遂命宫中和寺院逢正月十五"燃灯敬佛"。随着佛教在华夏大地的广泛传播,这项佛事活动也大大推动和丰富了正月十五的节庆活动。

在上元节诸多节庆活动中,"夜游观灯"是最具特色和感染力的,置身于千家万户悬挂的千姿百态的灯饰之中,人们情不自禁地融入了尽情欢娱的气氛里。正因为"放灯"、"观灯"是上元节的主要内容,所以上元节又称"灯节";而观赏灯饰只有在晚上效果才好,过节实质上过的就是这个夜晚,所以上元节也叫"元夕"节、"元宵"节。

上元节的"放灯"仪式自汉代起就开始流传,从灯饰的制作

---

① 愔,yin,一声。
② 舍(she,四声)利,佛祖释迦牟尼遗体火化后结成的珠状物,后来也泛指德高望重的佛教修行者死后火化的遗留物。

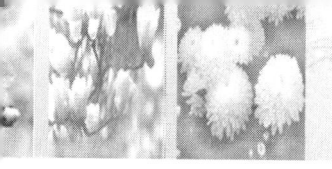

第三个节日　上元节

材料上说，有绢、纱、彩纸，也有羊皮、麦秸和通草，到了后来还有用冰做成"冰灯"：先用特殊的容器灌满水放在户外冷冻，待外面已经结冰而里面还有水的时候，取出来把水倒掉，在中空的"冰壳"里面点上蜡烛，就做成了小型的"冰灯"，而大型的"冰灯"则是要用冰块堆砌和雕刻才能造就的。从灯饰的外观形式上说，有单独悬挂的灯盏，也有组合悬挂的"灯簇"；有灯轮、灯树、灯楼、灯山，有记载称在唐代还出现过高二十丈的巨型灯轮；也有把花灯直接扎制成人物或动物形状的，更有由表演者舞动起来的龙灯。从灯饰表面所绘制的图案上说，有表现花、鸟、鱼虫的，有表现历史人物、戏剧人物的，也有表现神话传说、历史故事。到了后来，还有人把《三国演义》、《水浒传》、《西游记》、《红楼梦》等文学作品中的人物故事画在花灯上面的。

上元节的夜游观灯活动中，也少不了燃放爆竹烟花，但与春节不同的是，春节的燃放以"听响"为主，上元节的燃放却以"看花"为主，焰火起处，流光四溢，更增添了节日的喜庆气氛。烟花种类堪与花灯媲美：黄烟、绿烟、紧吐莲、慢吐莲、一丈菊、十段锦、彩舫莲、赛明月、紫葡萄、霸王鞭，以及琼盏玉台、金蛾银蝉、七圣降妖、八仙捧寿……琳琅满目，令人目不暇接。

可以想象，在这五彩斑斓、绚丽缤纷的世界里，一定是人头攒动，热闹非凡。这样震撼的场景，引得无数文人墨客留下了传诵千古的锦绣文章，"东风夜放花千树，更吹落，星如雨。宝马雕车香满路，风箫声动，一夜鱼龙舞"，从辛弃疾这首《青玉案·元夕》词中可见一斑。如此欢乐的节日，实在让人流连不已，于是上元节的节期不断被延长：汉代时为一天，唐代为三天，到了宋代则长达五天，明代更达到了史无前例的十天：自正月初八点灯，至正月十七夜尽落灯。

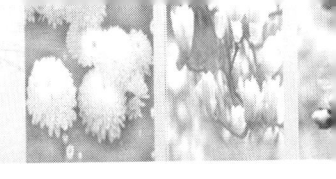

中国人的20个传统节日

节日期间,除了观灯赏灯以外,还有歌舞、戏剧、杂耍等多种庆祝活动。史书曾记录过唐代在都城长安燃灯五万盏,高灯之下,集千余少女少妇彻夜踏歌的情景。以后,舞龙、舞狮、跑旱船、扭秧歌、踩高跷等民间"百戏",更成为各地上元节庆的"保留节目"。

上元节的户外活动惯例中,有一项叫做"走桥"的习俗很能反映中国的传统文化,直到今天还在一些地方保留着。很久以前

第三个节日　上元节

民间就流传着一种说法,认为在上元节晚上,如果能够连续从几座桥上走过去,就可以驱灾辟邪,特别是能够祛除各种疾病,所以,"走桥"又称"走百病"(取"赶走百病"的意思)、"丢百病"、"散百病"。以前,走桥是只有妇女参加的活动,走桥时,众多妇女要结伴而行。这样的活动在宋代就有记载了,当时有诗人在描写上元夜景的诗句中曾经写道:"今夜可怜春,河桥多丽人",其中,"可怜"是可爱的意思,而"丽人"就是指衣着漂亮或体态娇好的妇女。站在现代科学的角度,"过桥"与"防病"之间看不出什么必然的联系,因此有人分析认为,在封建时代,妇女,特别是大户人家的女眷不准随意出门,遇到上元节这么难得的热闹场面也不能出去看看,实在太遗憾了,于是,有聪明的人就想出了"走桥"这样高明的办法,让广大妇女同胞理直气壮地走出家门一饱眼福。

走桥的风俗遍及大江南北,但在不同地区,又有所差别;发展到后来,"走"的也不一定就是桥,墙边、郊外也可以"走",走桥的人也不限于女人,男女老少都可以出来"走"。

在京城,走桥的妇女还讲究穿白绫衫,由一名举香的妇女在队伍前面带领,过桥的时候叫"度厄",大概是"跨过厄运"的意思。在浙江的著名水乡乌镇,走桥不能少于三座,且越多越好;同时,忌讳走"回头桥",也就是已经走过的桥不能再次走过,所以,走桥时从哪座桥开始、到哪座桥结束,要费　番心思。在岭南武术宗师黄飞鸿和著名武打明星李小龙的家乡佛山,走桥的风俗更是深入人心,并引来了四邻八乡的老少乡亲。这里的走桥与他乡不同,这里的走桥风俗是只走一座名为"通济"的桥,称"行通济","行通济,无闭翳①"是当地尽人皆知的谚语,意思是走走通济桥,就没有了闭塞和障碍,事事顺利。所以,每当上元

---

① 翳,yi,四声,遮挡。

节的夜晚，成千上万的人聚集在通济桥，有举风车的、有摇风铃的，也有提生菜的，浩浩荡荡地由北向南走过通济桥，自明末清初直到今天，延续了400余年。

说到上元节的节日食品，当然就要说说著名的汤圆了。汤圆，又叫"汤团"、"圆子"，或"浮圆子"，由于这种食品是上元节必食的美味，许多地方的百姓干脆就把它叫做"元宵"，于是，"上元之夜"这个时间称谓变成了食品的名字。"民以食为天"，吃的东西总是和百姓最接近的东西，现在，人们更多的是把这个节日称为"元宵节"，"上元"、"元夕"和"灯节"的名字反而不多用了。

关于汤圆的来历，民间有一个不见经传的传说，说是春秋末期的时候，楚国的国君楚昭王在某一年的正月十五这天途经长江，看见江面上漂浮着一些圆圆的东西，色白而微黄，捞上来看时，里面有胭脂色的瓤；试着尝了尝，感觉味道甜美。楚昭王身边的人都不知道这是什么东西，于是，他就派人去请教孔子。孔子说，这个东西叫浮萍果，谁得到了，就预示着谁将复兴自己的国家。楚昭王听说以后，非常高兴，命令下属用面仿制这种果子，再用山楂做成红色的馅，放在水里面煮熟后食用，楚昭王认为这种煮熟后漂浮在面汤上的"圆子"与"浮萍果"很相似，吃这种食品很有纪念意义，就定下了礼仪，以后每年正月十五都要吃。当然，也有很多人认为汤圆，跟楚昭王、孔子都没有关系。比如，有学者分析认为，在那些重要的祭神节日里，人们会创造出一些象征大自然的物品，特别是能够吃进肚子里面的食品，来表示人对天神意志的理解和接受，如果八月十五的月饼代表月亮，那么正月十五的汤圆就代表星星。

古老的上元节留给我们的东西太多了，不仅留在了餐桌上，更留在了我们的精神世界里，留在了我们的文化生活中。

比如，看到一个工作岗位上频繁地来回调换人员，有人就会

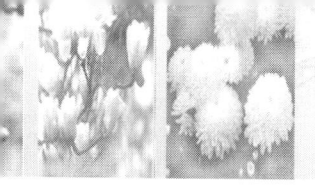
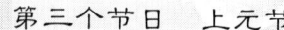

第三个节日　上元节

不满地议论说:"怎么跟'走马灯'似的?!"这个"走马灯"原来就是古人上元"灯节"推出的一款别致的花灯。古人在花灯里面安装一个可以转动的轮子,然后把用彩纸剪成的各色人物骑马的形象贴在轮子上,当轮子因烛火形成的空气对流而转动起来的时候,观灯的人们从透明灯罩外可以看到各种人物骑着马一圈一圈地不停地"跑"。这种有点像"卡通"片似的奇妙创意,深受百姓喜爱,流传广泛而久远。

再比如,人们批评那些有权势的人自己恣意妄为,却不许别人有正当权利的时候,会用"只许州官放火,不许百姓点灯"这个成语来形容。这个成语的由来,也和上元节有关。在北宋的时候,有一个专横的州官名叫田登,为了表示自己不可冒犯的尊严,这个州官就命令全州官民一律回避与"登"字发音相同的所有的字,谁触犯了这个戒条,就要惩罚谁。由于官府经常要发布一些公文告示,免不了使用"登"字或与"登"同音的字,为此,许多州府里的小官都被他打过板子,大家被逼无奈,就想尽各种办法,哪怕生拉硬拽也要找一个意思相近的字来代替,以便避开这个倒霉的"登"字以及所有与"登"同音的字。过几天就是上元节了,州府又要贴告示通知全城百姓按照老祖宗留下的惯例"放灯"庆祝,并且允许外地游客来游览观灯,因为在平时每到夜晚是要"宵禁",关闭城门禁止通行的。可是,"灯"与"登"同音,这个告示怎么发呢?实在是难坏了州府上下大小官员。情急之下,有人想到"灯"、"火"常常在一起使用,不是有"万家灯火"这样的说法吗?于是告示贴出来了:"本州依例放火三日"。看到这样的布告,全城一片哗然,特别是不了解情况的外地人,更是惊恐不已。等到大家明白了实情,就纷纷用"只许州官放火,不许百姓点灯"这样的议论和指责,来发泄对于州官专制的强烈不满。

还有我们在搞联欢活动时常用的"灯谜",也是上元节流传下来的。"谜语"是一种语言文字游戏,它用隐语来暗指事物或文字,供人猜测,这种隐语叫"谜面",被暗指的事物或文字叫"谜底"。一条好的谜语,谜面的设计往往包含着奇妙的想象,启发猜谜者开动脑筋;而一旦谜底被猜中,又往往令人拍案叫绝。比如,"牙在口外",暗指"呀"字。还有的谜面,先给人以小小的"错觉"和"误导",当最后猜出正确的谜底之后,又给人以"恍然大悟"的乐趣,比如,"四面不透风,'十'字在当中…",猜谜的人刚刚联想到"田"字,后面的两句却是"如若做'田'猜,不是好先生",结果,谜底是繁体的"亚"(亞)字,"亞"字中间用实线围起来的部分恰好是一个空心的"十"字。谜语并不是汉语所独有的,就我们接触得比较多的英语来说,也有这样的文字游戏,比如,谜面是"12o'c clock",谜底告诉你说:"It's the letter 'A'",道理在于一天的正中间是12点,而"A"恰好在单词"DAY"的正中间。这种时间上"恰好"的谜语在汉字里也有,并且也很巧妙,比如,用"72小时"来猜一个字,谜底是"晶",因为72小时为3天,而"晶"恰好由"三日"组成。虽然谜语不独汉语所有,但把谜语写在灯饰的表面,在上元节赏灯期间供游人娱乐,却是中华民族的独创。"猜灯谜",又叫"打灯谜",自宋代开始出现,最初时是把谜语写在纸条上,再贴到花灯上面,后来索性就专门制作书写谜语的花灯,到南宋时,每逢元宵临近,首都临安(即现在的杭州)都会有人专门从事"制迷"也就是创作谜语的工作,来满足节日期间制作灯谜的需要。由于灯谜的内容雅俗共赏、饶有兴味,而猜灯谜的活动又使游人在动中取静,所以,元宵赏灯猜谜成为一时的风尚而广为流行,使元宵佳节不仅成为欢乐的节日,同时也成为一个充满文化内涵的节日。

二 月 二

　　"二月二,龙抬头"是我们熟悉的一种民间说法。所以,二月二作为一个节日,首先与"龙"有关,古人把二月二称为"青龙节"、"春龙节"、"龙头节",也称为"扶龙节"。在这个节日里,人们吃的烙饼称为"龙鳞",吃的面条称为"龙须",吃一种带肉馅的面卷称为"懒龙";有妇女不做针线活的习俗,为的是避免龙抬头时不小心刺伤了龙的眼睛;还有在水井、水缸周围撒灰引龙的习俗。祖先们在这个时候用各种各样想象中的办法,来唤龙抬头、扶龙抬头、催龙抬头、护龙抬头,原因在于这时的大地万物已经从"冬眠"中苏醒过来,虫蛇现身、春雷乍响,田间作物正需要春雨的滋润,"龙"是"鳞虫之精、百虫之长",又是掌管雨水的"神",人们迫切希望它赶快从沉睡中醒来,振作精神"上岗"工作。那么,是不是真的有"龙抬头"这回事呢?从古人留下的史料看,"龙抬头"的说法确实和古代天文学所描绘的天象有关。

　　在古人所处的历史条件下,当时的天文学家把他们

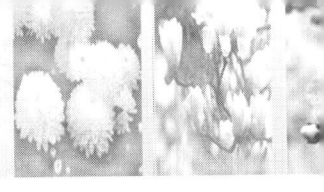

观测到的星星分成28组,称为"二十八宿①",分别位于东、南、西、北四个方向,每个方向上有"七宿",在东方的"七宿"叫做"青龙",古人为这东方"七宿"起名为角、亢、氐、房、心、尾、箕,"角"好像龙的头部,"亢"好像龙的颈部,"氐"好像龙的胸部,"房"好像龙的腹部,"心"像是龙的心脏,而"尾"和"箕"则像龙的尾巴。在隆冬时节,从地球表面看,"青龙七宿"隐藏在地平线以下,即便是在夜晚,人们也见不到它们;随着天体运行到农历二月初的时候,"角"就露出地平线,但其他星宿还仍然隐没在地平线的下面,这时,古人夜观星象,就有了"龙抬头"的生动情景。

二月二这个时节与雨水、惊蛰、春分接近,既是农作物需要水分的时候,同时也是春风化雨的季节。但是,农作物渴望天公降雨是不变的,而老天降不降雨却是多变的。我们这个"靠天吃饭"的农耕民族,就把自己热诚的愿望转化为虔诚的祈祷,通过这些祈祷活动呼唤苍天让雨露如期而至,先民们更把这个能够决定雨来还是不来、什么时候来的"苍天"具体化为"龙"。因此,每逢二月初二,人们或"焚香水畔,以祭龙神",或舞龙、戏龙,以召唤和迎接龙的降临。据史书记载,早在西汉年间,就有舞龙求雨的盛大活动;而自唐代起,二月二就已经成为举国上下共同欢度的重要节日了。有人考证说,上元节的"龙灯"就是从二月二舞"火龙"发展而来的。

数字在中华传统文化中有着独特的意义。与奇数重叠的日子适合祭拜天神相对应,一些偶数重叠的日子,被我们的祖先认定为适宜祭拜地神的日子。二月初二是一年当中第一个月与日相重叠的偶数节日,在这一天祭拜土地神当然就是最合适的日子了。在中国的本土宗教——道教当中,就把二月二认定为土地神的

---

① 宿,xiu,四声。

第四个节日 二月二

"神诞"日,也就是土地神的生日。

土地神应当是我们最熟悉的神了,他的俗名就是"土地爷"、"土地公公",或者干脆就叫"土地",在《西游记》里,只要孙悟空随便跺跺脚,这位热心的神仙就会从地底下里面钻出来帮忙。这种随叫随到、有求必应的神仙,"官职"肯定是不高的,在道教的诸神系列中,土地神的地位几乎是最低的,也就相当于人世间的村长、乡长,在"土地"之上,有相当于县长、市长的"城隍"。别看土地爷的官不大,但是泱泱华夏,村庄何止成千上万?所以,最迟不会晚于东晋时期,祭祀土地爷的风俗就已经形成,使土地爷成为"家族"最大、庙堂数量最多的一路神仙,只是在千千万万的"土地庙"当中,有些可以称其为"庙",而更多的,则是砖砌土垒的"阁子间",甚至是石头盖起来的"洞穴"或木板搭起来的"棚子",也正是因为如此,土地爷和普通百姓的距离最近,接受的供奉香火也最多。既然老百姓总是有许多难于实现的愿望要求助于神仙,总是要有个精神上的寄托,那么为什么不找个近便一点的、花费少一点的神仙来拜呢?在善良的中国百姓心目中,土地爷不像其他神仙那样威严肃穆,而是一付衣着朴素、和蔼可亲、平易近人的样子,就像人们身边慈祥的老人;大约到了南宋的时候,更有善解人意者,还为土地爷"介绍"了一位"老伴儿",尊称为"土地奶奶"或"土地婆婆",把老两口并列供奉在神龛①里,以至我们今天还可以在南方的一些土地庙堂前的门柱上看到"公公做事公平"、"婆婆苦口婆心"的楹联。

俗话说"别拿土地爷不当神仙",其实,土地爷原本是一位身份显赫的大神,称为"社神"。既然世间万物皆来自天、地、水"三元",主掌这"三元"的神就必然是至尊至上的大神,古人既要拜天,也要拜地,他们认为,人类是"取法于天","取财于

---

① 龛,kan,一声,供奉神或佛的小阁子。

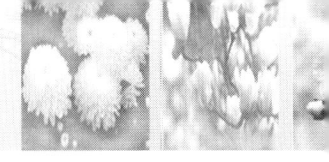

地"的,所以必须"尊天而亲地"。但是,"土地广博不可遍敬",如此辽阔的大地怎么来祭拜呢?于是,人们便"封土为社而祀之",把土地按照一定的标准分成叫做"社"的区域,"社神"就是"管理"这片区域的神仙,人们就可以分别在不同的地方,以"社"为单位来祭祀了。这种祭祀社神的礼仪,早在殷商时期就已经确立了,随着普通百姓祭祀社神的需求越来越普遍,祭祀活动越来越世俗化,高高在上的社神就屈尊为百姓生活中的土地爷了,到了清代就有人总结说:"今凡社神,俱呼土地"。

　　和其他的神仙一样,土地爷最初的时候是抽象的,并没有具体化为某一个人物,所以,早期的土地爷是没名没姓的。据说到了东晋以后,民间开始把生前清正廉洁的官吏、救助或保护他人的楷模,特别是为保一方平安而舍生忘死的英雄人物,奉为本地的土地神,以借助他们的声威和气概,保佑百姓安居乐业,这样,土地爷就真正人格化了,他们有名有姓,甚至有具体的相貌。例如,传说中最早被后人尊为土地爷的,是汉代广陵①人蒋子文。据记载,在东汉末期蒋子文在秣陵②这个地方做"秣陵尉",就是地方保安部队的指挥官,在追击贼寇的战斗中身先士卒,不幸负伤,英勇牺牲,是当时著名的英雄人物。据说到了后来的三国时期,官府有人看见蒋子文像生前一样骑马站在道路中间,惊恐之下正要跑掉,蒋子文却开口说道:"我当为此土地神,以福尔下民。尔可宣告百姓,为我立祠",意思就是我来当你们这里的土地爷,保佑你们的人民,赶快告诉百姓们为我建造土地庙吧!听了这样的传言,当地人民就真的建造了庙宇,把蒋子文当做土地爷来供奉,并一直流传下来。

---

① 广陵是古代的地名,位于现在江苏省扬州市境内。
② 秣,mo,四声;秣陵在古代也曾叫"金陵",大致相当于现在的南京市。现在的秣陵只是南京市江宁区的一个镇。

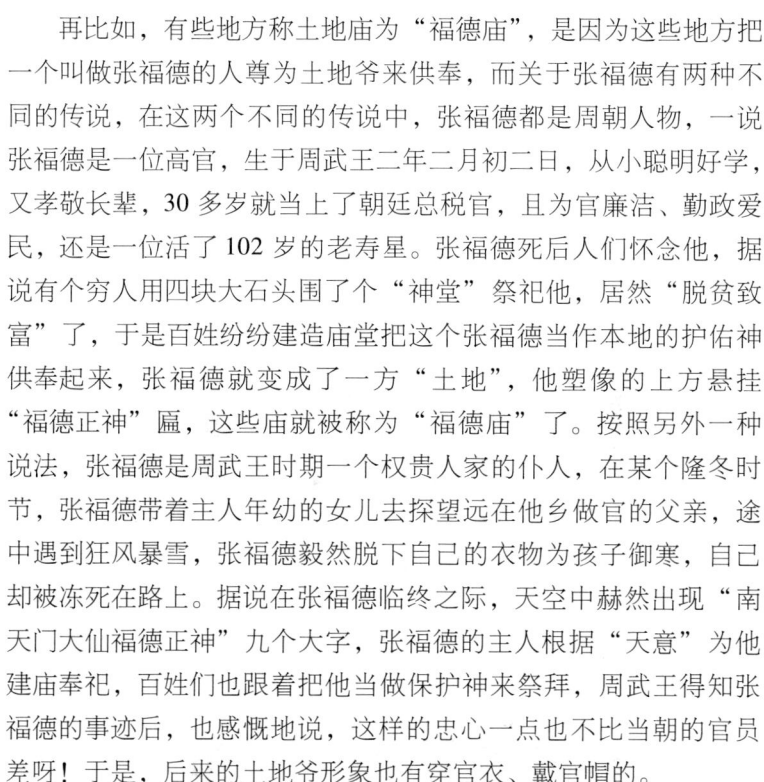

再比如，有些地方称土地庙为"福德庙"，是因为这些地方把一个叫做张福德的人尊为土地爷来供奉，而关于张福德有两种不同的传说，在这两个不同的传说中，张福德都是周朝人物，一说张福德是一位高官，生于周武王二年二月初二日，从小聪明好学，又孝敬长辈，30多岁就当上了朝廷总税官，且为官廉洁、勤政爱民，还是一位活了102岁的老寿星。张福德死后人们怀念他，据说有个穷人用四块大石头围了个"神堂"祭祀他，居然"脱贫致富"了，于是百姓纷纷建造庙堂把这个张福德当作本地的护佑神供奉起来，张福德就变成了一方"土地"，他塑像的上方悬挂"福德正神"匾，这些庙就被称为"福德庙"了。按照另外一种说法，张福德是周武王时期一个权贵人家的仆人，在某个隆冬时节，张福德带着主人年幼的女儿去探望远在他乡做官的父亲，途中遇到狂风暴雪，张福德毅然脱下自己的衣物为孩子御寒，自己却被冻死在路上。据说在张福德临终之际，天空中赫然出现"南天门大仙福德正神"九个大字，张福德的主人根据"天意"为他建庙奉祀，百姓们也跟着把他当做保护神来祭拜，周武王得知张福德的事迹后，也感慨地说，这样的忠心一点也不比当朝的官员差呀！于是，后来的土地爷形象也有穿官衣、戴官帽的。

在不同的地区、不同的时期，像关羽、岳飞这样的武将，甚至韩愈这样的文人等，许多历史人物都曾经在景仰他们的人的拥戴下做过"土地爷"。

土地庙香火最旺盛的时期，要算是明朝了，因为出身贫寒的开国皇帝朱元璋，就出生在土地庙里，所以在明朝，举国上下对土地庙和祭拜土地爷的活动，都特别重视。

历史上，商人也很重视二月二这个节日，这是中华传统文化中"取法于天，取财于地"思想影响的结果，在"土地生财"观念的影响下，商人把土地爷作为财神对待，要在二月二土地爷生日这一天，举行宴请活动，营造欢快的气氛来迎接财神的降临。

商人们在二月二举行的这种喜庆宴请活动,被称为"做头迓①",与"头迓"相对应,到年末的时候,还要举行以款待本商号或本作坊内部员工为主的"尾迓"。看来,我们中国古代的老板们就已经懂得,生意的成功"一要天赐良机,二要伙计努力"的经营之道了。

在我国民间,还有二月二男子剃头,特别是给小男孩剃头的风俗,这种风俗所体现的,是附会在"龙抬头"意义上的一种美好愿望。在传统文化中,人们大都抱有"望子成龙"的心理,"龙抬头"日不能让头发压在头上,所以,人们认为在二月二剪发剃头是合乎时宜的、是十分吉祥的。到了清代,朝廷按照满族人的习惯命令全国男子一律把头剃成前额光亮、脑后留辫子的统一发型,许多汉族男子心中不满,但又反抗不得,于是,有人利用二月二剃头的风俗,在汉人当中主张正月蓄发不剃,称为"思旧",借以提醒人们不忘民族传统,至于后来有人把"思旧"误读成"死舅",甚至传说"正月剃头死舅舅",则是毫无依据的。

---

① 迓,ya,四声,迎接。

花 朝 节

相传,我国夏历,也就是现在我们所说的农历的二月十五①,为世间百花的共同生日,我们的祖先称之为"花朝②"、"花时",是古代民间的一个节日,故称"花朝节",也叫"花神节"。记录宋代钱塘盛况的《梦粱录》说:"仲春十五日为花朝节,浙间风俗,以为春序正中,百花争望之时,最堪游赏"。古人的记述让我们知道,花朝节是古代先民赏花春游的节日。

对于"花神"和有关"花朝"的记载古已有之,据说最早可见诸于春秋时代的《陶朱公书》,最早被尊为"花神"的,是北魏夫人的女弟子女夷,相传她极善种花养花,是侍弄花草的"高手"。而花朝节成为全国性的盛大节日,则始自唐代武则天,武则天嗜花成癖,有传说指武则天专爱牡丹,其实不独牡丹,武则天喜欢争奇斗艳的各种花卉,并且,每到花朝节,她都会命宫女采集各色鲜花,和米一起捣碎,蒸制成"百花糕",赐予群臣

---

① 关于花朝节的准确日期,历史上有不同的流传,也有二月十二的说法。
② 朝,读zhao,一声。

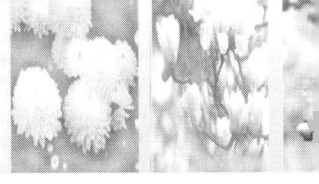

品尝。自此,民间便盛行过花朝节,每逢此节,百姓相邀出游,赏花观景,并有酒食宴乐助兴。延至宋代,盛况不减,且因民间仰慕杨贵妃的美貌,将"花神"的桂冠附会在这位"倾城倾国"的美人身上。

鲜花初绽,必引来彩蝶纷飞。古人在观赏春花的同时,还有"扑蝶"的游戏,并以扑到各色蝴蝶的大小、多少,以及色彩奇特、艳丽的程度,来计较输赢,所以,花朝节也被民间称为"扑蝶会"。

除了"扑蝶会"以外,不少地方的花农、花贩还举行"斗花会",所谓"斗花会",也就是今天我们熟悉的鲜花展览会或博览会,各家纷纷亮出自己精心培育的各式花卉,或朵形硕大,或枝条奇异,或色彩瑰丽,特色百出,争奇斗艳。花贩在花朝节这一天卖花是有讲究的,要用红布条或红纸把花枝打成束,或者把彩帛红纸等悬挂在花枝上,叫做"赏红"或"护花",古诗有云:"春到花朝碧染丛,枝梢剪彩袅东风。蒸霞五色飞晴坞,画阁开尊助赏红"。

说到花农,不能不提及作为元、明、清三代都城的老北京,在老北京城南的草桥一带,泉水丰沛,土壤适宜,人民祖祖辈辈以种植花木为业。《帝京景略》载:"右安门外南十里桥,方十里,皆泉也……,土以泉,故宜花,居人遂花为业。都人卖花担,每辰千百,散入都门、入春而梅、而山茶、而水仙、而探春。中春而桃李、而海棠。春老而牡丹、而芍药、而李枝……"。每年花朝节,当地百姓乃至京城人士,纷纷来到花神庙祭拜,并赏花、买花。坐落北京城南丰台镇东纪家庙村北的花神庙,据说始建于明代,庙中奉立花王及各路花神的牌位,相传洛阳牡丹等十二位花神因得罪了玉皇大帝,被打下凡间,落户京南,才使得这里繁花盛开,古人为感谢天恩赐福,特别兴建了这座花神庙。也许是因为我们祖先虔诚、善良的感恩之心打动了上天,京南花农种植

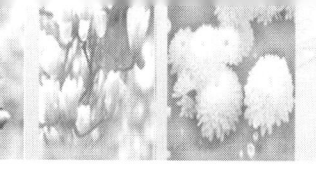

第五个节日　花朝节

的花草树木格外茁壮、娇艳、名冠八方，特别是这里的牡丹，更被称为花中之王，"官锦红"、"梨花雪"、"白玉带"等品种闻名遐迩，为花朝节宫廷必备的花卉。至今，京南草桥一带仍称为"花乡"。据说，当年清宫的"花朝宴"最为讲究，每逢花朝节，太监们便事先将颐和园中的牡丹花丛用红、黄两色的绸缎装扮起来，营造出满园春色、流霞溢彩的景致，迎接慈禧太后率皇亲国戚、文武大臣前来过节。花朝节期间的颐和园，御膳厨师们要制作以花卉为原料的各色糕点，艺人们则上演《花神庆寿》的喜剧。

　　全国各地欢度花朝节的风俗又不尽相同，比如，在东北地区，百姓为花神设立神位，用素净的食物做供品，祭拜花神；河南一带，开封流行"有奖"扑蝶会、洛阳人则讲究相约游龙门石窟；在江南水乡，人们游湖赏花，吟诗作画，苏州人还要在虎丘的花神庙前宰杀牲畜，祭祀花神。在花朝节这天，民间还有女子剪彩花插头的习俗，如古人所记："城中妇女剪彩为花，插之鬓髻，以为应节"。

　　对于善弄花月的古代文人来说，春花与秋月相对应，是绝对不能放过的绝佳题材。二月十五的"花朝"，对应八月十五的"月夕"，为古代诗人骚客平添了许多雅趣，如"花朝月夜动春

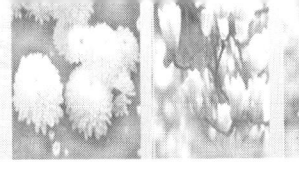

心,谁忍相思不相见","今朝花朝无一花,今夕月夕亦无月","花朝月夕随时乐,雪鬓霜髯满座寒",更有杜牧的"花时去国远,月夕上楼频",白居易《琵琶行》中的名句:"春江花朝秋月夜,往往取酒还独倾"。

上 巳 节

我们在前面说到什么是"节"的时候,顺便介绍了我们祖先用记录序数的"十二地支"来表示一天中的 12 个时辰。实际上,在中国古代,"十二地支"不仅用来记录时辰,而且还用来记录日期和年份,只是日期、年份与时辰不同,时辰只有 12 个,但每个月都有 30 天上下,"年"就更多了,它似乎是无限延续下去的,谁知道以后还有多少个"年"呢?所以,单靠"十二地支"显然是不行了。于是,祖先们就用被称为"十大天干"的 10 个汉字,与"十二地支"配合起来,以轮回的方式来记录每个月里面的日期,也记录无限轮回的年份,这"十大天干"就是:甲、乙、丙、丁、戊、己、庚、辛、壬、癸,记录的时候,把"十大天干"放在前面,"十二地支"跟在后面,按顺序一对一并列使用,从"甲子"开始,等再到"甲子"的时候,已经 60 个序数过去了。用这个办法记录日期,一次可记录两个月,然后再重复使用;用这个办法记录年份,一次可以记录 60 年,然后再重复使用,俗话说的"六十甲子",就是从这里来的。我们现在听起来,这个办法很麻烦,但是我们中华民族就

是这样过来的,从春秋时代位于现在山东地区的鲁国鲁隐公三年二月己巳日开始使用,直到清朝末年,2600多年当中从未间断和错乱过,哪怕到了今天,我们仍然可以使用它,比如,公历2010年2月14日为夏历庚寅年正月初一乙未日。

　　说过了这个小知识,我们对于"上巳"就容易理解了。在每个月的上旬和下旬都会有一个排序为"巳"的日子,上旬的"巳"日就是"上巳"。在中华传统文化中,处在暮春时节的三月上巳,是一个特别被看重的特殊日子:古代传说认为这一天是"人文始祖"轩辕黄帝的生日;道教认定这一天是"真武大帝"的生日,而这位赫赫有名的"真武大帝"又是炎、黄二帝的父亲;在民间神话中这一天则是王母娘娘开蟠桃大会的日子,传说中的蟠桃是能够使人延年益寿的"神果"。这些传说、教义和神话可能是虚无缥缈、离奇古怪的,但却给了我们一个明确的信息,那就是在古人的心目中,三月上巳是一个与生命的起源和延续有关的日子。正因为有了这样的一种认识,古人把三月上巳定为一个节日,并举行各种以生命和健康为主题的祭祀和庆祝活动。

　　早期人们在三月上巳日举行祭祀活动,追思和怀念人类先祖伏羲、女娲抟①土造人的功德;到了汉代,朝廷已经将三月上巳明确规定为节日。由于用"天干地支"计算的日期在每一年并不确定,而最初祭祀的三月上巳日恰在三月初三,三月三这个"奇数重合"的日子又非常符合祭神传统,因此在魏晋以后,上巳节就被固定在夏历每年的三月三日,并一直延续下来。与"二月二"相对应,民间也把上巳节称为"三月三"、"重三"。

　　那么,古人又是怎样过上巳节的呢?唐代大诗人杜甫有一首叫做《丽人行》的著名诗篇,其中有"三月三日天气新,长安水边多丽人"的生动描写,让我们知道了这个节日一定和"水"有

---

① 抟,tuan,二声;抟土:泥土揉弄成球形。

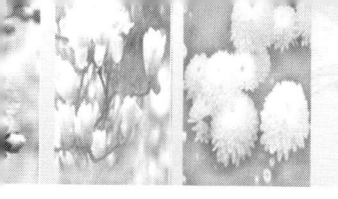

第六个节日　上巳节

关系。上巳节最初的主要活动，就是去水边"衅浴"，帝王后妃、平民百姓都要去，因为古人认为"衅浴"是防病祛疫、保持生机活力的有效办法。人们把用芬芳植物、草药、颜料等混合制成的类似我们今天"沐浴液"一样的东西涂抹在身上，然后再用河水清洗，就是"衅浴"。当然，古人的"衅浴"和我们今天的洗澡是不同的，除了保洁健身以外，还包含着一些今天看来有点古怪的祭祀礼仪，比如要做一些像舞蹈一样的动作，仿佛是要用肢体语言与神对话。上巳节在水边进行这种祭祀活动，叫"修禊①"，由此，人们也把上巳节称做"春禊"。

古人在"修禊"时有一项重要的活动内容，就是把煮熟的鸡蛋放在水里任其随波漂流，称为"浮卵"，漂到谁的前面，能把它捞起来的，谁就把它吃掉，这样会有助于生儿育女，使家族人丁兴旺。这个风俗来源于远古蒙昧时期人们对于生育的认识，那时的人们认为，地上某种神奇的物质进入了人体，或者天上某位神灵的意愿被人体感受到了，人才会生育后代，所以，古人选择了鸡蛋等象征着孕育生命的食品。后来，人们还在水里漂枣，图"'早'得贵子"的吉利；在水里漂盛着酒的木杯，称为"流杯"，希望以酒壮男子的阳刚之气。

日久天长，那些令人费解的、莫名其妙的仪式和礼节慢慢地被人遗忘了，上巳节渐渐地演变成为一个暮春时节的欢乐节日：鼓励生育的意义，演变成了成年男女在河畔溪旁的郊游活动中相互结识；祭祀天地的动作，演变成了人们在踏青游览活动中的歌舞娱乐；吃"浮卵"、"浮枣"以及饮"流杯"酒，则演变成了亲朋好友之间的临水欢宴。现代的历史研究人员认为，夏历，也就是我们常说的农历、阴历的三月初三，应当被认定为我们中国的情人节，也是世界上最早、历史最悠久的情人节。被誉为"天下

---

① 禊，xi，四声。

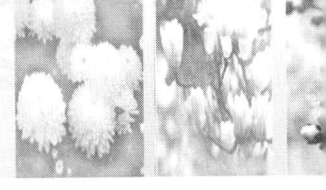

第一行书"的《兰亭集序》,也是东晋永和九年(公元353年)上巳节时,王羲之在与他的40多位好友于兰亭这个地方"修禊"之后乘兴而书的,所以,《兰亭集序》也被称为"禊帖"。由于王羲之和他的书法,特别是《兰亭集序》在中国历代知识阶层中的崇高地位,王羲之和朋友们当年饮酒赋诗时玩的"曲水流觞①",也成了文人墨客中儒雅、时尚的游戏。

"曲水流觞"起源于上巳节活动中的"流杯"。王羲之住在兰亭,也就是现在浙江省绍兴市西南的兰渚山附近,永和九年的上巳节,王羲之与亲朋好友共42人在兰亭"修禊"之后,来到一条弯曲的溪水边席地而坐,把盛了酒的杯子放在溪水里随其漂流,杯子漂行到谁的前面停下或原地打转,谁就要即兴吟诗饮酒;不能即兴成诗的,就要另外罚酒。这次活动,11个人作诗2首,15个人作诗1首,另外16人因做不出诗被罚了酒。王羲之把大家的诗作集成一册,并当场挥毫作序,写成了28行、324字的《兰亭集序》,后世不仅争相仿效王羲之的书法,也同样争相仿效"曲水流觞"的游戏,以至于在帝王花园、豪门深院都有专门修建"曲水流觞"亭以供游戏的。所谓"曲水流觞"亭,就是在亭子地面的中间用石头雕凿出弯曲的水道,然后人工引入水流,让那些王公富绅和他们的朋友们饮酒娱乐。

"曲水流觞"一直流传到清代,但"中国的情人节"毕竟没能成"节",有人分析认为,原因在于自宋代开始,中国传统礼教对于男女交往的束缚越来越严厉,上巳节期间青年男女在公众场合公开交往便销声匿迹了,但在边远的少数民族地区,却依然保留着这样的传统民俗,比如,壮族的"三月三歌圩②"、黎族的

---

① 觞,shang,一声;古代称酒杯为"觞"。
② 圩,xu,一声,集市。

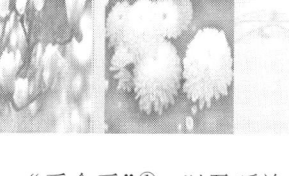

第六个节日　上巳节

"孚念孚"①，以及瑶族、土家族的"三月三歌会"等，都是在节日期间通过对歌、集体舞蹈等形式，在公开场合营造青年男女交往、结识的氛围。

在汉族人民聚集居住的广大地区，由于上巳节已经逐渐成为踏青游览和宴请宾朋的节日，又临近清明节，而清明节的活动中包含了踏青和宴请的内容，且活动规模和持续时间都超过了上巳节，所以，三月三的上巳节也就逐渐并入到清明节当中，人们也不再单独过上巳节了。

---

① 黎族人民称三月三为"孚念孚"，是根据青年男女争取幸福、不畏强权的民间神话传说而来的节日，节日期间青年男女自由交往，被称为"谈爱日"。

寒 食 节

  寒食节是中国最古老的节日之一,距今已经有2600多年的历史了,比我国另外一个公认的古老节日——端午节还要早300多年。寒食节,又称"禁烟节"、"冷节",这个节日并不固定在某月某日,而是冬至以后的第105天,所以也叫"百五节"。古时候的"禁烟节"和我们今天为劝导人们不吸烟、少吸烟而设立的"禁烟日"完全不同,寒食节所禁的"烟"指的是"炊烟",意思是禁止人们在这个节日期间生火做饭。不能生火做饭,自然只能吃事先做好、已经放冷的"寒食"了。

  在特定的时节暂时停止用火,是一种非常古老的习俗。在远古的时候,生活中经常用到的火不像现在这样随手可得,人们必须用"钻木取火"的办法先得到"火种",然后让它一直燃烧着,才能在需要的时候方便使用。根据我们祖先的用火习惯,不同的季节是要用不同的树木来"取火"的,所以在季节改变的时候要跟着"改火","改火"就要熄灭"旧火",启用"新火",就

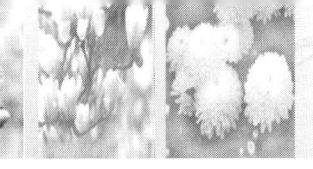

第七个节日　寒食节

像宋代大诗人苏轼说的"且将新火试新茶"①。这样，我们的祖先就设定了一个时间上"节点"，造成一段在熄灭"旧火"、启用"新火"之间的"停顿"，作为一种礼节或仪式，来提醒人们尊重祖先的发明创造，尊重"火"并且善用"火"。以后，虽然人们早已脱离了原始的"钻木取火"的时代，但是这种礼节和仪式，却长久地保留了下来。

"禁烟"、"寒食"演变成为中华民族的一个普遍的节日，又与一段古老的历史传说有关。相传在2600多年以前的春秋时期，晋国有一位名臣义士姓介，名推，后人尊称他为介子推②。介子推原来是晋国公子重耳③的随从，重耳为了躲避国内争夺王位的追杀，流落他乡，穷困潦倒，介子推不离不弃地始终跟随在重耳的左右，尽心竭力、鞍前马后地悉心照料，甚至不惜割下自己腿上的肉为重耳"煲汤"。以后，重耳当上了晋国的君主，忠实于重耳的人都被封了官、做了大臣，唯独介子推没有得到任何封赏。介子推既不夸功也不争宠，背着自己的老母亲默默地到绵山隐居起来。这件事在朝廷中引起了很大反响，已经做了国君的重耳也后悔不已，就去接昔日的忠臣出山，但介子推躲进深山坚持不出来做官，重耳竟然用放火焚山的办法逼介子推出山，结果反把介子推母子二人烧死了。重耳为介子推修庙建祠，并下令在介子推死难日禁止生火做饭，全国官民一律寒食，沿袭下来，就有了"寒食节"。到了三国时期，魏武帝曹操曾下令禁止当地百姓的寒食风

---

① 苏轼在寒食节后写的这首著名的词全文是："春未老，风细柳斜斜。试上超然台上看，半壕春水一城花，烟雨暗千家。寒食后，酒醒却咨嗟。休对故人思故国，且将新火试新茶，诗酒趁年华。"

② "子"字在古代被加在一个人的姓后面，是对这个人的尊称。我们有时也会看到称介子推为"介之推"的，其中的"之"字就是一个虚词，为的是表达方便，没有实际意义。

③ 重耳中的"重"字，读chong，二声。

俗，并制定了严厉的刑罚，但三国归晋以后，这一民俗又迅速恢复起来，并且从一个原本是山西地方百姓的节日，变成了一个全民族共同的节日。中华民族的后世子孙，并不在意这个传说到底是真是假，他们崇尚的是"忠诚"和"信义"，敬佩的是忠臣义士，于是就有越来越多的人相信了这个传说、接受了这个节日。

从寒食节的来历当中，我们可以了解到，以悼念先烈、缅怀逝去的亲朋为主要内容的祭奠活动，是节日的重要活动内容之一。在以后的历史演变过程中，对于先人的祭奠活动逐渐变成了清明节的主要活动内容。但在深受中华传统文化影响的一些周边国家，则依然保留在着在寒食节祭奠亡人的习俗，比如在韩国，寒食节进行的"春祭"仍是一项重要的民族传统。

除了祭奠活动以外，人们则利用节日的闲暇，充分享受暮春

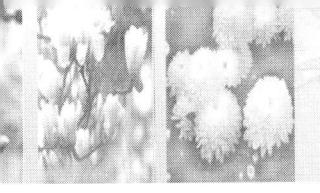

第七个节日 寒食节

时节的大好时光,开展丰富多彩的户外活动,例如郊游、荡秋千、"牵钩"和蹴鞠①等。寒食踏青郊游,开始是人们在亲人坟茔祭扫之后,一路观光、漫步而回的附带活动,以后就逐渐变成了以观赏花草树木、感受暖春气息为目的的游览活动了。荡秋千的活动就有点来历了。秋千,在过去写作"鞦韆",是一个"外来语"的译音。据说是远古时代北方一个被叫做"山戎"的民族,在获取高处植物或猎物的攀登活动中创造的,两个字都有"革"字旁,是因为以前的秋千是用皮革制成的绳子来牵动的,最初传入中原时,本来的发音应为"千秋",是寒食节宫廷女子的游乐项目,到了汉武帝的时候,朝廷有大臣提意见,说"千秋"是在给皇帝祝寿时称颂用的言辞,不能用在这种玩耍游戏上面,于是,就把这个词倒过来,成了"秋千"。"牵钩"就是现在人们称为"拔河"的体育活动,它的出现据说与被尊为木匠祖师爷的鲁班有关系。传说在战国时期,楚国与越国在长江开战,鲁班为楚国设计了一种巧妙的"钩子",当位于上游的楚国在战斗中处于优势时,就用这种"钩子"把越国的战船"牵制"住,防止敌人顺流而逃,而敌船为了摆脱攻击,就会竭力向下游方向"反牵制"。为了增强战士们作战时"牵制"与"反牵制"的能力,平时就将战士们分做两组,用这种"钩子"模拟"牵制"与"反牵制"相互对拉,形成了一种习武强身的练兵活动,以后又进一步演变成为用绳子相互对拉的体育游戏,流传十分广泛,至今仍然是我国军队,以及其他成员数量多、以集体生活为主的单位,比如学校体育锻炼的重要活动项目。

  蹴鞠被人们看做是现代足球运动的原始雏形,在中国已经有2300多年的历史了,起源于战国时期的齐国。蹴,是踩、踏的意思,所以,蹴鞠也叫"踏鞠";鞠,是古代的一种用来娱乐的皮

---

① 蹴,cu,四声;鞠,ju,一声。

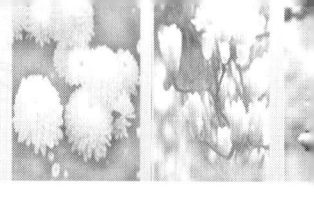

球,里面用毛充塞、外面用皮革缝制而成,所以,蹴鞠也叫"蹴球"。把两个字联系起来理解,蹴鞠,就是现在我们说的"踢球"的意思。根据宋代文献的描述,寒食蹴球盛行于自唐代,在进行活动时,两根高高的竹竿系上网子就是"球门",相互角逐的两个球队被称为"左朋"和"右朋",球员则被叫做"球工"。唐代的好几位皇帝都喜欢蹴鞠。到了宋代,还有《太祖蹴鞠图》,生动刻画了皇帝亲自参加蹴鞠活动的情景。

说到蹴鞠的具体运动形式,在不同的朝代却是各不相同的,归结起来大致有三种主要形式:第一种是技术全面的"攻防"赛;第二种是技术专一的"临门一脚"赛;第三种是技巧型的"花样"赛。

"攻防"赛流行于汉代,比赛形式与现在的足球比赛最为接近,比赛在用矮墙围起来的"鞠城"里进行,两个像小房子似的球门设在"鞠城"的两端,各由12人组成的两个球队相互进攻,把球射入对方球门多者为胜。这种比赛,双方队员身体直接接触,攻防对抗性强,在当时是将军事训练与士兵娱乐融合在一起的练兵形式。《史记》当中就记载过骠①骑将军霍去病在镇守塞外时建造"鞠城"的事情。

"临门一脚"赛流行于唐、宋两代,比赛形式与现在区别很大,"球门"用数丈高的竹竿和绳网制成,而真正的"门"只不过是这种所谓"球门"上方的一个二尺见方的"洞",是用来让球"穿过"的,这个"洞"在当时被叫做"风流眼"。我们可以想象,这样的"球门"必定设置在球场的中间,相互竞赛的两个球队只能分列于球门的两侧。比赛的规则是在球不落地的前提下,使球穿过"风流眼"次数多的一方获胜。这样的比赛,要的就是"射门"工夫,我们就叫它"临门一脚赛"。

---

① 骠,piao,四声。

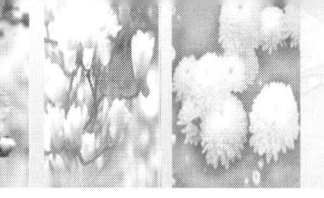

第七个节日　寒食节

　　"花样"赛流行时间最长，几乎各朝各代都有，这种比赛没有球门，在历史上被称为"白打"，形式上和现在那些球星"秀"个人技巧的表演十分相像，比赛主要看上场"运动员"谁玩的花样多、技巧高，就像武林高手之间比"解数"①。在当时，每套"解数"都包括许多玩球的动作，比如：拐、蹑、搭、蹬、捻等，当时的人们还给这些动作起了一些花哨的名字，像"风摆荷"、"燕归巢"、"转乾坤"、"佛顶珠"，以及"双肩背月"、"旱地拾鱼"、"拐子流星"、"金佛推磨"等等。

　　在寒食节留给我们的珍贵文化遗产中，还有山西的面食。由于寒食期间不能生火做饭，主妇们就必须为所有家庭成员提前准备好"干粮"。在北方，最常见的就是蒸馒头。作为寒食节发祥地的山西，心灵手巧又讲究生活情趣的妇女们，把寻常"馒头"做得造型各异、争奇斗艳、品种翻新，形成了至今令人称道的"晋派"饮食特色。

---

① 解，xie，四声；解数：武术的身型架势、拳脚套路，也泛指手段、本事。

清 明 节

"清明"本是"二十四节气"之一，按照农时，"清明前后，种瓜点豆"，这个时候是许多蔬菜播种的最佳时节，也是植树造林的好时候。古人认为，"万物生长此时，皆清洁而明净，故谓之清明"。历史上，当上巳节、寒食节的节日活动逐渐向"清明"时节集中以后，"清明"就成了"三节合一"的长假，成为一个内容丰富、影响广泛的大型节日。据统计，除了汉族以外，我国的满族、壮族、苗族、瑶族、羌族、侗族、黎族、京族、水族，以及赫哲族、土家族和鄂伦春族等20多个少数民族，也都把"清明"作为自己的一个重要节日。

在春暖花开、春风和煦的时候，有这样一个大型的节日，其热闹的程度，也许是我们无法想象的，好在祖先为我们留下了一幅珍贵的《清明上河图》画卷，让我们得以直观、形象地了解当时的节日盛况。

《清明上河图》是一幅北宋的民俗风情画卷，宽24.8厘米，长达528.7厘米，由北宋宫廷画师张择端创作，这幅国宝级的绝世佳作，生动记录了北宋晚期清明节期间首都汴京（就是现在的河南省开封市）的繁华场景。

第八个节日　清明节

在现存于北京故宫博物院的这幅长长的画卷上，画着各种人物500多位，各种牲畜50多头，各种车船20多辆（艘），画中的情节从右向左沿着汴河依次展开：春意盎然的京郊，人们扫墓踏青归来，有人坐轿、有人骑马、有人挑担；车船往来的码头，人们在茶坊歇脚、在饭馆就餐、在卦摊看相，经营扫墓祭品的"王家纸马店"招牌格外显眼；屋宇林立的市区，商店、药铺、酒楼、寺庙、公廨①，处处人头攒动，熙熙攘攘。尽管世相百态，但是"清明扫墓"的节日内容还是清晰可见的。

人和地球上一切有生命的物种一样，有生必有死，人们不愿意死、惧怕死，但却不可能逃避死，这是无法改变的自然规律。在这个规律面前，我们所知道的人只有两种：活着的人和死去的人。那么，活着的人如何对待死去的人呢？我们中华民族的传统是尊重死去的人。于是，在我们祖先那里，就形成了"扫墓"的风俗，即便是远离故乡的游子，对于回乡祭祖也是念念不忘的。

在古代，人死了以后是要埋葬在土地下面的，称"土葬"。早先的土葬，只有坑穴，叫做"墓"，后来，在坑穴上面还要堆起土丘，叫做"坟"，合称"坟墓"，也简称为"墓"或"坟"。清明时节，坟墓会长出杂草，也可能被开始频繁活动的虫蚁所损坏，在这个时候到自己的亲人或自己景仰的人的墓地去清扫、整理，正好可以表达尊重和怀念的情感，所以，人们把去墓地祭奠叫做"扫墓"。这样看来，清明扫墓也不仅仅是纪念介子推的地方民俗广泛流传的结果。人们在扫墓时还要为逝去的故人"上香"，并献上食品、奉上"钱物"，所以，人们又把去墓地祭奠叫做"上坟"。"扫墓"或者"上坟"，实质上是人们表达尊重与怀念的一种仪式，仪式上使用的所有物品都是表达情感、营造气氛的"道具"。这些"道具"使纪念仪式更加具有真实感，更加具有感染

---

① 廨，xiè，四声；公廨：官吏办公的地方。

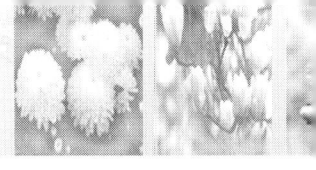

力，这种古老的民俗对于古人具有潜移默化的影响作用，它教育人们在活着的时候做一个让人尊重的人，以免死后留在世间一座无人祭扫的孤坟野冢①。至于仪式上的那些"道具"本身，其实与死者并无关系，食品或是由活着的人享用，或者交还给大自然（被动物、昆虫吃掉，被风化）；而所谓"钱物"则多是用纸制作的"模型"，比如"纸钱"、"纸马"等，与香烛一样，寄托着人们虔诚的愿望在仪式中被燃烧，尔后，化做烟雾飘散。

　　古人在祭奠活动中焚香、烧纸钱和纸马等祭品，是因为他们认为死去的故人有"在天之灵"，焚香时的祷告和被烧掉的物品，会随着升腾的青烟，去告慰故人的在天之灵。为了把慰问的情意传达给故人的在天之灵，我们智慧的祖先不仅使用焚香烧纸的办法，而且还使用过现在看来更加"低碳"的办法——放风筝。清明时节，人们把对于已故亲人的慰问之情寄托于风筝放上天空，最后剪断牵线任其飘远。前面说到的《清明上河图》中，就有百姓放风筝的情景。

　　"风筝"一词中的"风"我们容易理解，因为风筝是凭借风力升上天空的；而"筝"字本意是一种乐器，似乎同风筝没有什么关系，为什么它会与"风"字连用成为"风筝"这个词呢？

　　原来，风筝的前身是"木鸢②"，由战国时期著名的思想家和科学家墨翟③创造。墨翟就是墨子，"百家争鸣"中"墨家"学派的创立者。墨翟不仅是一位有学问的"先生"，同时还是一名有手艺的"师傅"，相传他用三年时间研制出能够升上天空飞翔的"木鸢"，但由于材质和工艺等方面的问题，这种"木鸢"只能在空中停留较短时间，是"风筝"的原始雏形。后来，鲁班对"木

---

① 冢，zhong，三声，坟墓。
② 鸢，yuan，一声，老鹰。
③ 翟，di，二声。

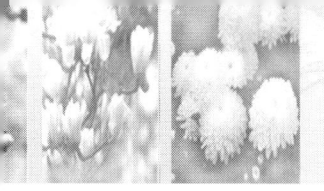

第八个节日 清明节

鸢"进行了改进,用质量较轻又有韧性的竹子做材料,制成了可以在空中"飞"较长时间的"木鹊",成为世界上最早的"风筝"。到东汉时期蔡伦发明了造纸术以后,有人实验用纸做"风筝"获得了成功,此后人们便开始制作纸"风筝"。由于纸质的风筝放飞效果好,材料容易取得,制作方法简单易学,所以很快流传开来,人们称它为"纸鸢"。南北朝时期,纸鸢开始成为人们在较远距离之间传递信息的工具;隋代之后,造纸业发达起来,民间裱糊纸鸢逐渐形成风气;到了唐代以后,放飞纸鸢是宫廷娱乐活动,也是百姓喜爱的户外活动;在宋代,放飞纸鸢成为清明节约定俗成的主要节日内容之一,正像宋人描写的,"清明时节,郊外放鸢,日暮方归"。

从唐朝政权垮台到宋朝政权建立之前,中间还有半个世纪的时间,历史上叫做"五代"。有史书记载说:"五代李邺于宫中作纸鸢,引线乘风为戏,后于鸢首以竹为笛,使风入竹,声如筝鸣,故名风筝"。意思是说,在五代的时候,有个叫李邺的人在皇宫里面制作纸鸢,这种纸鸢可以用线牵引凭借风力在空中飞翔,放飞纸鸢就成为宫中娱乐的游戏;后来,他又在纸鸢的顶部安装了一个像笛子一样有孔的小竹管,放飞纸鸢的时候,风从竹管当中通过,就会发出像弹奏古筝一样的声音,因此,这种能够发出筝的声音的纸鸢就被称为风筝。根据这个历史记载,我们就明白了,中国的传统风筝其实有两种,一种是不能发出声音的,应当叫做"纸鸢";另一种能够发出声音的,才可以叫做"风筝"。流传到今天,虽然纸鸢这个名称还在使用,但社会上的广大群众已经习惯"风筝"这个称谓了,不管人们放飞的风筝会不会发出像古筝一样的声音,大家都叫它"风筝",就连每年在山东潍坊举办的,有30多个国家和地区都派代表参加的以放飞纸鸢为主题的大型国际文化交流活动,也是叫做"潍坊国际风筝节"。

风筝是中国人的老祖宗发明的,因为在清明节放飞以怀念故

· 51 ·

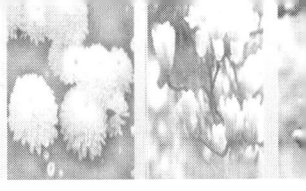

世的亲人而流行于华夏大地,它是怎么"走"出国门,变成国际性活动的呢?据说,风筝"出国"与一位家住威尼斯的意大利小伙子有关,这位17岁的意大利青年跟随自己的父亲,长途跋涉,历尽艰险,于1275年来到中国,在中国住了十几年,去过大都(即现在的北京,在元代称大都)、西安、开封、南京、杭州、福州等十几个城市,当他返回祖国时,已经是40多岁的中年人了。这个人就是我们久已闻名的马可·波罗。据说就是这位著名的旅行家把风筝这个奇妙的事物带回了威尼斯,进而又传遍了全世界,今天,"风筝运动"在世界各地都有热情的痴迷者。

其实,历史上的风筝不仅用来表达人们对于故世者的怀念,也不仅是用来娱乐游戏,而且曾经被用在气象观测和军事观测的用途上,据说在明代,风筝与炸药安装在一起,还发挥过远距离攻击性武器的作用。就是在现代战争中,人们也能看到风筝的影子,第二次世界大战期间,美国军队曾经用风筝做活动靶标,对士兵进行射击训练。

中华民族尊重祖先、尊重历史的深厚传统,使得清明节成为中国人的一个重要节日,在中国人的生活中占有重要的位置,因而也就在中华传统文化中,留下了深刻的烙印,我们在学习中国历史的时候,会经常遇到有关清明节的内容,特别是在阅读古典诗词的时候,我们会发现,诗人在清明时节有感而发创作的诗词,在优美诗句中描写清明风情的诗词,以及在诗词中间直接提到"清明"二字的诗词,浩如繁星,数不胜数。古代文人在清明时节吟诗作赋,抒发内心感受,是十分流行的风尚。

说到清明赋诗的雅兴,也有许多有趣的事情,比如唐代大诗人杜牧那首妇孺皆知的《清明》,这里要说的不是《清明》这首诗的本身,而是怎么来读这首诗。中国古代的文字没有现在的标点符号,一篇文字写下来,哪里是一个句子中间的停顿,哪里是一个完整的句子,没有相当扎实的文学功底,是很"断句"的。

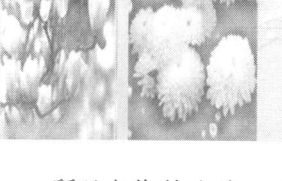

第八个节日　清明节

所以古代的文章,在很大程度上要靠读者自己去"悟",没有"悟性"的人,即便认字也看不明白文章的意思。只有一种文体是例外,那就是"赋"。"赋"字的本意是农民上缴给国家的税,这个字由"贝"和"武"组成,"贝"是古代的钱币,"武"则是指与军事有关的事情,古时候国家收税主要是用来养兵,所以把税称为"赋"。官吏收税要做记录,每收一家,就要记下一条,不能混乱不清,所以,记录"赋"的文字,不管多长,都是一行一行的,不需要标点符号也能看得明明白白、读得朗朗上口。由于具有这种易读、上口的优点,以后记录"赋"的文字体例就变成了一种独特的文体,被人们称为"赋",后来的"诗"就是从"赋"演变而成的,人们常把做诗称为"赋诗",也是因为这个道理。这样,我们读《清明》就有了下面的格式:

清明时节雨纷纷

路上行人欲断魂

借问酒家何处有

牧童遥指杏花村

有好事者为了给清明节吟诗活动增加乐趣,把杜牧的名篇写成"清明时节雨纷纷路上行人欲断魂借问酒家何处有牧童遥指杏花村",请参加聚会的诗人们任凭自己的悟性来"断句",结果竟然产生了两个《清明》诗的改编版:

清明时节雨,纷纷路上行人,欲断魂。借问酒家何处?有牧童遥指,杏花村。

清明时节,雨纷纷路上,行人欲断魂。借问酒家,何处有牧童?遥指杏花村。

中华文化真是奇妙,我们还能发现更多的"改编版"吗?

中国人的 20 个传统节日

第九个节日

端午节

中国夏历（农历、阴历）的五月初五，是华夏子孙传统的端午节。"端"是"开头"、"初始"的意思，而我们的祖先用"天干地支"来记录年月日，一月为"寅"，二月为"卯"，五月恰好是"午"，所以，"端午节"的本意应该是"五月初的节日"。据统计，端午节是名称最多的节日，除了"端午"，还叫"端阳"、"重五"，有些地方还把端午节称为"夏节"、"五月节"等等，加起来总共有20多个名字。

把不同时期的历史传说汇集起来，端午节的来源最少与三位历史人物有关，在这三位历史人物中，名气最大、民间认可度最高，因而也流传最为广泛的，就是著名的爱国诗人屈原，唐代诗僧文秀有《端午》诗曰：

　　　　节分端午自谁言，
　　　　万古传名为屈原。
　　　　堪笑楚江空浩浩，
　　　　不能洗得直臣冤。

屈原的本名叫做屈平，"原"是他的字，是战国末期的楚国人。屈原有远大的志向，又有治理国家的才能，

特别可贵的是，他热爱和忠诚于自己的祖国，他在朝廷做官时，积极主张联合其他弱小国家，共同抵抗秦国的兼并，后来，屈原遭到奸人陷害，被罢官流放，在流放期间，屈原仍然坚持自己的信念，创作了许多为后世传诵的爱国诗篇，到了楚顷襄王二十一年（公元前278年），楚国的国都被秦国攻破，屈原既不愿意逃离故土，又不愿意看到国家灭亡，于是就在这一年的五月初五写下了绝笔名篇《怀沙》之后，含恨投汨罗江①而死。后世子孙景仰和怀念这位伟大的爱国诗人，便在每年的五月初五举行各种祭祀活动来纪念他。

比五月初五纪念屈原更早的传说，是关于纪念春秋时期吴国忠臣伍子胥的故事。伍子胥原本是楚国人，楚国的国王听信谗言杀害了伍子胥的父亲和哥哥，伍子胥逃亡到吴国以后，帮助吴国打败了楚国，又打败了越国，但是吴国的国王不仅不听伍子胥彻底消灭越国的建议，反而怀疑伍子胥的忠诚，逼他自杀，伍子胥在留下了"越国必入城灭吴"的预言后自刎而死。吴国国王听到伍子胥的预言十分恼怒，就命令手下人用皮革裹住伍子胥的尸体扔进江里，而伍子胥被抛尸江中的这一天，恰好是五月初五。伍子胥不仅是一位敢于直言的忠臣，而且是姑苏城（即今天苏州市）的创建者，后人怀念他的功德，便在每年五月初五纪念他。

晚一些的传说就是"孝女曹娥"的故事了。相传在东汉时期，上虞姑娘曹娥的父亲不幸在江上落水，好几天过去了，父亲是活不见人、死不见尸，孝顺的曹娥昼夜不停地沿江呼喊，十几天过去了，仍没有找到父亲，情急之下曹娥纵身跳进江中，几天后，曹娥抱着父亲的尸体浮出水面，但人已经死了。曹娥投江也是在五月初五，人们为这位孝顺的女孩建庙、立碑，并在每年的五月

---

① 汨，mì，四声；汨罗江：发源于江西修水，流经湖南平江，最后汇入洞庭湖。

第九个节日　端午节

初五到曹娥庙、曹娥碑去祭奠她。

不管这些传说是否真实，它们都为端午节增添了丰富的文化内涵，生动地表现了中华民族的传统美德，正因为如此，2009 年 9 月 30 日联合国教科文组织保护非物质文化遗产政府间委员会做出决定，中国端午节入选《世界非物质文化遗产名录》，从而受到国际公约的保护。

说起端午节，大家最熟悉的就是粽子，粽子已经成为端午节的标志性食品。相传，端午节的粽子最早起源于楚国人向江中投米祭祀屈原，古书记载说："屈原五月五日投汨罗死，楚人哀之。每至此日，以竹筒贮米，投水祭之"。后来有人提出，竹筒装米投进水里会被蛟龙偷吃，必须用蛟龙惧怕的楝[①]树叶子和五彩丝线，把竹筒封住、捆住才行，按照这个说法，人们慢慢地就不再使用竹筒，而是改用叶子把米包好，再用丝线捆扎起来当做祭品了，这就是粽子的原形。以后，人们用竹叶或苇叶包糯米，再用细线捆在外面，蒸熟以后就是美味的粽子了，它依然是节日祭祀的供品，但更主要的是人们喜爱的节令食品。

端午节的另外一项重要活动，就是龙舟竞渡。古书说："五月五日竞渡，俗为屈原投汨罗日，伤其所死，故并命舟檝[②]以拯之"，就是说，端午节时，人们举行象征竞相搭救屈原的划船比赛，来纪念屈原。后来，为了增加节日气氛，烘托比赛场面，人们设计制造了彩船、画船、龙船、虎头船等等，还在船上设置了锣鼓家伙，受"龙文化"的影响，又是水上运动，所以，在各种造型的竞赛船只中，龙舟是最普遍、最常见的，很多地方干脆就把端午节的划船比赛称为"龙舟竞渡"。由于竞渡活动需要团队配合的技巧，竞赛场面又紧张激烈，因而吸引了大量的观众，他们

---

① 楝，lian，四声。
② 檝，ji，二声，同"楫"，船桨。

· 57 ·

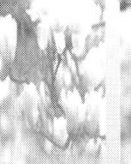

都会为参赛各队摇旗呐喊、加油助威,就连皇宫贵族也不例外,历史上唐、宋、元、明、清各代都有帝王临水观竞渡的记载,宋代画师张择端曾作《金明池夺标图》,生动描绘了北宋皇帝在临水殿观看金明池内龙舟竞渡的情景;明代皇帝曾在中南海紫光阁观看龙舟赛事,清代宫廷曾在圆明园的福海举行竞渡,乾隆、嘉庆两朝皇帝都亲自观看过比赛。

　　除了我们熟悉的节令食品粽子,以及节庆活动赛龙舟以外,端午节还有一项民俗游戏渐渐地被我们遗忘了,这种游戏叫做"斗草"。古时候,端午斗草是一种长幼皆宜的游戏活动,分为"文斗"和"武斗"两种,成年人多玩"文斗",孩子们则多玩

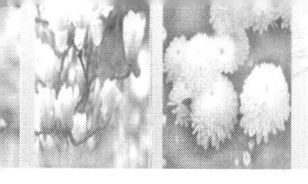

第九个节日 端午节

"武斗"。既然是"斗",就有比赛的性质,就有输赢。"文斗"主要是"斗智",比赛双方以对仗的形式互报草名、花名或植物名,你说"黄菊",我对"红芍";你说"马齿苋",我对"狗尾草";你说"观音柳",我对"罗汉松",最后,谁说不来或对不上来,谁就是输家。这种玩法,既普及了植物知识,又锻炼了文学技巧,对于讲究"耕读传家"的祖先们来说,实在是一种实用与娱乐相结合的"益智游戏"。"武斗"就有点"斗勇"和"角力"的味道了,比赛双方事先选择有韧性的草或者叶柄,"斗"的时候双方各执自己的草或叶柄,然后捏住两端相互勾在一起拉拽,谁的草或者叶柄先断,谁就是输家。在北京的故宫博物院里,珍藏着一幅名为《群婴斗草图》的画,画中描绘的情景就是我们这里介绍的"武斗"玩法。在儿童娱乐方式单调的年代,这种斗草游戏流传了很久,一直到20世纪60年代,北方孩子拣杨树叶,用叶柄玩"拔牛根儿",其实就是古代孩子的斗草游戏。

把端午节过得如此祥和、快乐,实在是一件不容易的事情,它深刻地表现了中华民族积极、乐观的生活态度。说它不容易,是因为在古人观念中,五月五日其实是一个不吉利的"恶日"。早在先秦时代,民间就普遍认为五月是"恶月",而五日是"恶日",五月五日就是"恶"上加"恶",在这一天会"五毒并出",危害人类,据说称五月五日为"端午"而不说"端五",也是特意回避"五"字,古人甚至把五月五日出生的孩子寄养在外面,以防给全家带来不测;给五月五日出生的孩子取名为"镇恶",以驱赶邪恶,保护孩子平安长大。古人对于五月五日的这种"偏见",客观上来源于夏季来临,蚊虫孳生,疾病、瘟疫多发,主观上则来源于对事物认识上的局限。尽管五月初五是一个可怕的日子,但是我们的祖先并没有把它看成"世界末日",他们用药物防治与"心理防治"相结合的办法,把这个"恶日"变成了积极、健康的"卫生日"。

在端午节，民间使用最为普遍的药用植物，就是艾草和菖蒲。艾草也叫艾蒿、家艾；菖蒲则是一种生长在水中的草本植物，它们的共同特点是能够挥发具有芳香气味的植物油脂，对蚊虫有驱赶和杀灭作用，对人则有提神理气、通窍消滞、活血散湿的功效。所以，每逢端午，百姓家家户户必备艾草、菖蒲，或插、或挂、或佩、或戴，同时要熏苍术、白芷等草药，打扫房间、庭院，清除垃圾污秽，还要"蓄兰沐浴"。如此看来，端午节简直就是古代的全民"爱国卫生运动"！正是因为艾草、菖蒲等草药在节日期间扮演了重要的角色，所以，端午节又称"艾节"、"菖蒲节"。

在端午节，民间使用最为普遍的药用食物，就是雄黄酒。雄黄是一种矿物质，民间也俗称其为"鸡冠石"，它的主要成分是硫化砷，具有一定的毒性，不能直接食用，在粮食酿造的酒里加入微量的雄黄，饮用后可以起到杀菌、驱虫和解毒的作用，外用则可以消毒、解痒，治疗皮肤病。所以，每逢端午，成年人有饮用雄黄酒的习俗，而未成年的儿童，长辈们就会为他们"画额"，所谓"画额"，就是用雄黄酒在孩子的额头画个"王"字，一方面为孩子避蚊防虫；另一方面也是希望孩子像小老虎一样，让各种邪魔望而生畏，不敢近身。

其实，在身上涂抹雄黄酒可能具有防病治病的作用，但这种防治作用与画不画"王"字是没有什么关系的，就像人们把艾草编成小老虎的形状，甚至用布料裁剪成艾草、菖蒲的形状，摆在房里或戴在头上一样，都不过是一种装饰，在人们的想象中发挥着震慑病魔、瘟神的作用，给人们以心理上的安慰，为人们注入精神上的希望，使人们更加乐观地生活。端午节期间最具有象征意义的"保健"活动，就是用纸船"送瘟神"，人们用纸折叠成小船，在纸船上面写上疾病的名称，或者用纸做个瘟神的造型放在纸船里面，当暮色降临的时候，点燃一支小蜡烛放进纸船，再把纸船放进河水或溪流里让它顺水漂动，漂动中纸船被烛火烧掉，

第九个节日　端午节

灰烬也被流水带走，附在纸船上的"疾病"和"瘟神"也就无影无踪了。这个善良、美好的民俗曾经出现在毛泽东主席的诗词里面，1958年6月3日《人民日报》报道说，曾经世代危害余江县人民健康的血吸虫病终于被消灭了，毛主席读了这篇报道后高兴得睡不着觉，兴奋地写下了《送瘟神》诗两首，后一首诗的最后一联是：

借问瘟神欲何往，

纸船明烛照天烧。

凑巧的是，毛主席《送瘟神》诗写好以后不久，就是当年的端午节了。

古人过端午节还有制作、赠送和佩戴"香包"的习俗。香包，也叫"香囊"、"香袋"、"荷包"，这种用五彩丝线缠绕而成或用零碎花布缝制而成的精美的民间工艺品，就不仅仅是装饰物了。因为，在香包里面放进了白芷、川芎①等七八种草药，芳香宜人，有驱虫防病的实际功效，外加寓意吉祥的造型，是节日期间表达心意的好礼物，比如，把菊花、梅花和寿桃造型的香包送给老人，把"双莲并蒂"、"娃娃骑鱼"造型的香包送给年轻夫妇，把老虎、猴子造型的香包送给儿童等，而姑娘把自己亲手缝制的香包送给小伙子，则是在婉转、含蓄地表达着自己的爱慕之情。除了香包之外，还有一种叫做"蚌粉铃"的端午节饰物，是专门给爱跑爱闹的儿童佩戴的，"蚌粉铃"就是把河蚌的壳磨成粉，装在小布囊里面，再把几个小布囊像铃铛那样连成一小串，让孩子带在身上，既能在出汗的时候随手用它来吸汗，预防痱子，又是一件富有童趣的可爱的装饰物。

---

①　芎，xiong，一声。

天贶节

公元1008年的中国，正是赵恒做皇帝的北宋时代，赵恒是一个迷信而不自信的皇帝，为了给自己壮声威并让臣民更加服从于自己，他公布了自己做的一个梦，说是在六月初六这一天，神仙给自己降下了能够保佑他治国安民的"天书"，叫做"大中祥符"，以后他就要按照上天的旨意行事了。于是，赵恒下令将每年的六月六日定为"天贶节①"，把年号从"景德"改为"大中祥符"，后来又到泰山祭拜，把岱庙的主殿命名为"天贶殿"。所以，天贶节的说法是自北宋大中祥符元年（公元1008年）才有的，而实际上，六月六日过节的习俗，在这以前早就有了，人们之所以接受并传承天贶节这个称呼，并非相信神仙给予皇帝的"天书"，而是真心感谢大自然给予人类的种种恩赐。

天贶节，民间又叫"姑姑节"，或"回娘家节"，它的来历与前面说过的春秋时期晋国的一段故事有关。当

---

① 贶，kuang，四声，赠、赐；天贶的意思是上天的恩赐，天贶节就是用来纪念天赐的节日。

第十个节日　天贶节

年追随晋国公子重耳的不仅有介子推,还有一个比介子推运气好得多的人名叫狐偃,在重耳当上国君之后,狐偃不仅没有被遗忘,而且做了宰相。狐偃的优点是治国有方,缺点是狂傲自大,与他同朝为臣的亲家对他有意见,他竟然恶语相伤,把自己的亲家活活气死了,愤怒的女婿打算在他六月六日举办生日宴会的时候刺杀他以报仇雪恨,可怜的女儿左思右想终于决定跑回娘家报信,女婿得知计划败露正在担心岳父报复,哪曾想狐偃在女儿的亲情感召下翻然悔悟,痛改前非,与女婿和好并于每年六月六日接女儿回家团聚。这个故事感动了百姓,六月六日接出嫁的女儿回家团聚的做法也广为流传。在古代的中国,人们崇尚大家庭,兄弟们都是把媳妇娶进来,而姐妹们总是要嫁出去,对父亲的姐妹,孩子们就要叫"姑姑","六月六,接姑姑"是孩子们的谚语,亲切而生动地说出了节日的主要内容,人们也就跟着孩子们的说法,把这个节日称为"姑姑节"了。其实,在中国古代的农耕生活中,出嫁的女儿什么时候回娘家与农事活动的季节性有关,六月上旬正是夏收以后短暂的闲暇期,所以在这个时候回家探亲不会影响农活,正像童谣所说:"六月六,挂锄钩,叫了大姑叫小姑"。

中国人的 20 个传统节日

说到上天的恩赐，在六月份就莫过于炽热的阳光了，天贶节的节日活动内容，也就顺其自然地与充分利用阳光联系在一起了。按照各地民俗，在六月六日各家各户纷纷把衣服、被褥，以至于一些日用物品拿到阳光下晾晒；寺院、道观①要翻、晒所藏经书，读书人家也会把自家的藏书搬出来晾晒。这种做法在实际上是利用天然的紫外线为物品消毒，保持物品的干燥，防止物品霉变损毁，但是要把这种做法变成全民自觉的、统一的行动，却必须借助于有动员力和号召力的历史典故才行。有传说把六月六晾晒物品的起源归功于宗教先师，说是唐僧取经路途坎坷、跋山涉水，不慎将好不容易取回的经文弄湿了，六月六日就是唐僧翻晒经文的日子；也有传说把六月六晾晒物品的起源归功于皇上，说是皇帝出巡民间的时候被雨淋湿了龙袍，恰逢六月六的阳光帮忙，皇上才穿着晒干的龙袍继续完成巡视。有了如此权威的"榜样"，大家当然愿意效仿，于是，天贶节在民间通常被称为"翻经节"、"晾经节"，"晒衣节"等等，哪怕就是为了讨个吉利，老百姓也要把家里能晒的东西全部拿出来晒一晒，过一个痛快的"晾晒节"。

古人把六月称为"焦月"，"焦"是用来形容物体受热失水状态的，用"焦"字来称谓六月，可见这是个酷暑难耐的月份，所以，去河边的柳荫下面乘凉，是六月六节日活动的重要内容，解暑的草药饮料，以及清淡、冰凉的食物，则是六月六的节日食品。节日当天，街市上的不少药铺、寺庙还会向路人施舍冰水、绿豆汤或解暑药。古人还把六月称为"皆热月"，可能是要提醒人们，当人觉得燥热的时候，家畜也会因为燥热而生瘟疫，所以，人们会在六月六节日期间为家里畜养的猫、狗洗澡，不少地方把六月六日叫做"浴猫狗日"。更为有趣的，是六月六日还曾被称为"洗象节"。在古代中国内地的广大地区，大象不仅是一种罕见的

---

① 观，guan，四声；道观：道教的庙宇。

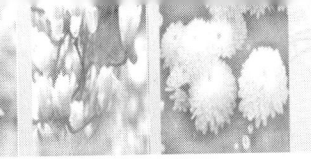

第十个节日　天贶节

动物,而且还是隆重的皇家礼仪队伍中的重要成员,这是因为大象具有庞大的身躯、沉稳的体态、宽厚的性格,同时,"象"又同"祥"发音相近,所以,大象是威严和祥瑞的双重象征。据历史文献记载,元明清三代,在皇帝祭祀、出巡或重大庆典的仪仗队伍中,车马行列里必有大象。为了得到供礼仪活动使用的大象,明朝洪武年间甚至建立了军事卫所——驯象卫,由卫所的官兵专门负责捕象、驯象、贡象,而且驯象卫的"编制"竟然一度突破20000名,远远超过了其他真正意义上的军事卫所,俨然一支庞大的"捕象特种兵"。到了明中叶以后,大象多是由周边的东南亚国家"进贡"来的,朝廷设有被称为"象房"的机构和场所来专门驯养和管理大象,在"象房"工作的基层饲养员被称为"象奴",指导饲养和训练的人员则叫做"象师"。据说乾隆时期朝廷养象数量最多,达到30多头,在北京的宣武门地区,至今还保留着"象来街"、"象房胡同"等与当时驯养大象有关的地名。在元明清三代,六月六都是法定的"洗象日","洗象"的地点,元代时多在积水潭,明清时期则多在宣武门外的护城河。每逢"洗象日",朝廷要举行仪式,搭建彩棚,派官员"监洗";四方百姓蜂拥而至,围观看热闹,小商小贩乘机摆摊设点,叫卖饮食杂物,果然是一派节日喧闹景象,正像当时的诗歌所说:"六街车响似雷奔,日午齐来宣武门。钲①鼓一声催洗象,玉河桥下水初浑"。

对于文人雅士而言,在河边柳下纳凉也要有个讲究,那就是赏荷吟诗,有传说认为六月六日是荷花神的生日,对于这个传说从何而来,我们不必深究,但进入六月,正是荷花把她最美丽的一面展现给世人的时候,这是毫无疑问的,南宋诗人杨万里有诗为证:

毕竟西湖六月中,

---

① 钲,zheng,一声,古代行军时用的一种铜制打击乐器。

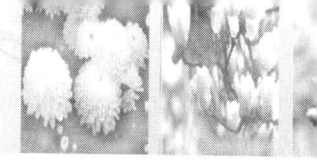

风光不与四时同。

接天莲叶无穷碧,

映日荷花别样红。

在汉族聚居的农业地区,有些地方的人们还把天贶节称为"虫王节",在六月六日集中进行夏季的驱虫、灭虫活动;在少数民族聚居的地区,也有过六月六日的习俗,比如,布依族把六月六日作为敬盘古的日子,瑶族则在这一天过"半年"节;在我国西北地区广为流行的"花儿"曲调,也是在六月六日集中演唱的,在这一天,聚居在甘肃、宁夏、青海地区的土族、回族、东乡族、撒拉族、保安族人民,就要举办盛大的"花儿会",会期多为5天,各族群众身穿节日盛装,带着帐篷、干粮前来参加,场面十分热烈,这一民俗一直延续到现代。

第十一个节日

乞巧节

乞巧节是中国夏历,也就是农历或阴历的七月初七,这个节日的由来与天上的两颗星星有关,而星星只有在晚上才能看得清楚,因此,人们就把这个发源于七月初七晚上的节日称为"七夕节"。这两颗和乞巧节有关的星星,一颗叫做"织女星",位于银河的东北方向,在今天的天文学家看来,它属于天琴星座;另外一颗叫做牛郎星或牵牛星,位于银河的西南方向,在今天的天文学家看来,它属于天鹰星座。当我们的祖先遥望神秘夜空的时候,他们把天琴星座中最亮的那颗恒星想象为一位灵巧的织女,是天神的女儿;把天鹰星座中最亮的那颗恒星想象为勤劳的放牛郎,后来就进一步演化出"牛郎织女鹊桥相会"的神话传说。再后来,人们又把这个传说与青年男女谈情说爱的"约会"联系在一起,与相恋男女天各一方的分离之苦联系在一起,与地老天荒忠贞不渝的爱情联系在一起,以至于现在许多人都把农历的七月初七看做是中国的情人节。其实,七夕过节的民俗最初与"情人节"的含义相去甚远。

在中国传统的农业社会里,最基本的生产分工叫做

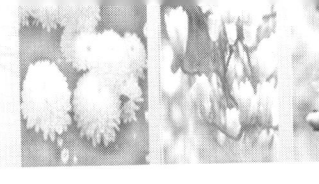

"男耕女织",男人主要负责各种田间农活,而女人则主要负责纺织缝纫,所以,中国的传统节日既有督促和鼓励男人勤奋种田的,也有督促和鼓励女人勤奋纺织的,乞巧节就是督促和鼓励女人勤劳织作、努力学习掌握缝纫技巧的节日。关于这个节日的来历,传说很多,其中有两个故事最有代表性。

一个故事说七夕的"鹊桥相会"源于天神的惩罚:织女是天帝的女儿,独自居住在天河东岸,心灵手巧、吃苦耐劳,年复一年地辛勤劳动毫无怨言,绚丽的晨光、灿烂的晚霞,都是她织出来的,最终,她织成了"云锦天衣"。天帝可怜她的清苦孤单,特许她嫁给天河西岸的牛郎,不曾想织女出嫁以后便不思劳作,竟然把纺织缝纫的"正事"荒废了,天帝一怒之下把织女召回河东,只允许它在每年的七月初七与牛郎见一次面,于是,每逢七月初七天上一种叫做"乌鹊"的鸟就为织女搭桥,让织女过河与牛郎相会。

另一个故事说七夕的"鹊桥相会"源于天神的恩赐:织女本是天上的仙女,而牛郎虽然普通,但由他精心照料的老牛却是天上的神牛,在这头神牛的指点下,牛郎趁织女和她的6位仙女姐姐偷偷下凡游玩的机会,巧妙地结识了织女并与她成为恩爱夫妻。织女把天上精妙的纺织技巧带到了人间,造福了百姓,却坏了天规,玉皇大帝派天兵天将把织女抓了回去,神牛毅然牺牲了自己,让牛郎披上自己的皮飞上天去追赶织女,却被王母娘娘拔下银簪①在天际划出一条银河将牛郎挡住,牛郎伫立河西至死不愿离去,玉皇大帝被牛郎的真情打动,破例恩准织女可于每年的七月初七渡过银河与牛郎相会,于是,每逢七月初七天上的"乌鹊"便为织女搭桥。

---

① 簪,zan,一声,用金属、骨头或玉石制成的别头发用的条状物。

第十一个节日 乞巧节

　　无论是哪一种传说，在老百姓心目中，自从织女回到天庭以后，就成了一颗只能在七月七日的晚上才能见到的"明星"，再向她讨要纺织缝纫的技巧，也只能在七夕仰望苍天虔诚祈祷了，因此，人们把七月初七定名为"乞巧节"。由于纺织缝纫是女人的主业，向织女乞要纺织技巧自然也是女人的事情，所以乞巧节也被称为"女节"。

　　七夕乞巧活动主要有三种形式，一种叫"穿针乞巧"，一种叫"丢针乞巧"，还有一种叫"结网乞巧"。

　　"穿针乞巧"是最古老的一种乞巧形式，据说自汉代就开始流行了，有记载汉代风物的典籍说，逢七月七日朝廷宫女便集中在亭台楼阁之上穿七孔针，民间纷纷效仿；到南北朝时期，妇女要登上专门搭建的彩楼上穿七孔针，还有"齐武帝起层城观，七月七日，宫人多登之穿针，世谓穿针楼"的记载；到了唐代的开元、天宝年间，七夕的穿针乞巧活动内容更加丰富，皇宫以锦缎搭建

· 69 ·

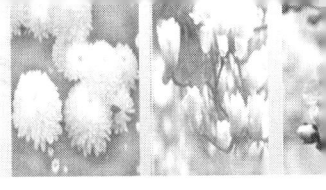

可以承载数十人的百尺楼殿,妃嫔们在楼殿上朝着月亮的方向用五色丝线去穿九孔针,能顺利穿过的,象征得到了织女的技巧,在穿针乞巧的同时,还要宴饮歌舞,往往热闹到次日清晨,民间也有效法的;到了元代,穿针乞巧活动竟然还增添了"彩头":"九引台,七夕乞巧之所,至夕,宫女登台以五彩丝穿九尾针,先完者为得巧,迟完者为输巧,各出资以赠得巧者焉",就是说,皇家宫女们于七夕登上九引台,比赛用五色丝线穿九孔针,先穿完的为"得巧",后穿完的为"输巧","输巧"的要出钱给"得巧"的。

"丢针乞巧"也叫"投针验巧",这种乞巧游戏在北方更为流行,具体的乞巧方法是,在七月七日中午时分,妇女们用盘子或碗盛满水后放在太阳下面晒一段时间,待水面仿佛有一层薄膜之后,便把绣花针投放在水面上,看似随意丢放,却在阳光下形成倒影,如果在盘、碗底部形成的倒影形如云、花、鸟、兽,或像某种器物的样子,就说明丢针者手巧;相反,如果杂乱无章,或只是一条粗线、细线,就说明丢针者手拙。

与穿针、丢针相比,"结网乞巧"在今天看来同人的技巧并没有什么关系,倒是更像娱乐性的游戏。人们在七月七日玩这个游戏,先捉小蜘蛛关在盒子里,过一段时间把盒子打开,看看是否结了蛛网,在南北朝的时候,结了网就算"得巧",而唐代的习俗是结网密实才算"得巧",到了宋代,结网圆正才算"得巧",人们还把这种小蜘蛛称为"喜蛛"。

既然是乞巧节,节日内容便多与"巧"字有关,比如,节日食品"巧果"就十分典型。"巧果"是一种面点,是节日期间品茶、待客的零食,孩子们也非常喜欢它。"巧果"大致上有两种制作方法,一种是在面粉中加入香甜味道的调料和①好以后擀成面

---

① 和,读 huo,四声。

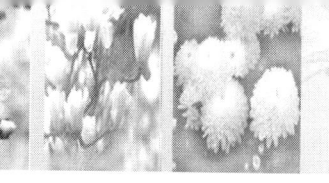

第十一个节日 乞巧节

饼，再切成几何形状的小块，像烙饼一样把它烙熟，这种面食"巧"在表面印有各式花纹，有莲蓬、桃子，也有公鸡、猴子、老虎；另一种是用糖蜜和面并加入芝麻，擀薄后切成长方形在油锅里炸[①]熟，这种面食"巧"在入锅之前先把长方形的面片折、捏成各种花样，入锅之后在高温炸制下自然形成"七曲八弯"的形状，色泽金黄，香气扑鼻。除了家庭制作外，商铺在节日期间出售一种带枣泥或豆蓉馅的酥皮糕点，也称为"巧果"。

我们中国自古就有"授人以鱼不如授人以渔"的说法，坐享其成固然省事，但毕竟是靠不住的，所以，同那些乞求老天赐福降财的风俗相比，"乞巧"更具有积极的意义，正像民间歌谣说的"天皇皇，地皇皇，俺请七姐姐下天堂，不图你的针，不图你的线，光学你的七十二样好手段"。这种淳朴的民风对周边国家影响很深，韩国、日本都有在七月七日向织女乞巧的习惯，只是流传到今天过节内容和节庆形式有所变化而已。我国已于2006年5月20日将"乞巧节"列入"中国非物质文化遗产名录"。

---

① 炸，读 zha，二声。

中 元 节

  中元节在每年农历的七月十五,民间也把中元节叫做"鬼节"。"天上有神,地下有鬼",同关于"神"的意识和关于"神"的文化一样,"鬼"是中华民族传统意识中的重要内容,也是中华民族传统文化的重要组成部分。今天,我们解释这个"鬼"字的时候,认为它有7种含义①,但是在古代,"鬼"字的最初意思很单纯:"鬼者,归也","众生必死,死必归土,此之谓鬼",也就是说,"鬼"字的意思是指人死后的归宿,或者说,人,生者为人,死后为鬼。古人为什么会有这样的想法呢?原因在于,古人限于当时的认识水平,把"人"看做是由肉体与灵魂两个部分共同组成的,而且灵魂可以脱离肉体自由活动,比如,人明明坐在那里发呆,但他可能正在想象中和自己的伙伴兴高采烈地玩耍;特别是在做梦的时候,人明明睡在床上毫无知觉,可是梦境中的他可能正在游历山山水水。既然灵魂可以不依赖于肉

---

① 见中国社会科学院语言研究所词典编辑室编《现代汉语词典》(第5版),商务印书馆,第515页。

第十二个节日 中元节

体而独立存在，那么当人的肉体死亡之后，他的灵魂就可以继续活下去，并同活着的人以某种特殊的方式进行交流，于是在古人的脑海里便产生了"鬼"，这就是古人说的"鬼者，精魂所归"，"魂气归于天，形魄归于地"，"精神离形，各归其真，故谓之鬼"。

既然"鬼"是一种文化现象，那么它对古代社会有什么意义呢？简单说来，它有两个方面的积极意义。一个人，特别是前辈祖先，虽然他已经死了，但活着的人，特别是晚辈后生，不能认为他的一切都已经消失了、不存在了，可以任由自己想做什么就做什么了，必须继续尊重他，尊重他摸索出的生产、生活规律，尊重他生前定下的行之有效的生产、生活规矩，因为他作为"鬼"还活着，还在看着人们的行为。这是"敬鬼"的作用，它使我们的文化有传承，民族有传统。在中国传统的"鬼文化"当中，还有"恶鬼"、"冤魂"的意识，人在生前做坏事，死后就变成恶鬼，恶鬼面目狰狞、形象恐怖，是作恶人间的祸害，无论是人还是神，都要惩罚它；做官的生前贪赃枉法，害死人命化为"冤魂"，"冤魂"就会想方设法进行报复，使害人的赃官不得好死，所以无论是谁，活着的时候做人要善良，做官要公正。这是"畏鬼"的作用，它使我们的行为有操守，民族有德行。

理解了关于"鬼"的文化，就不难理解关于"鬼"的节日了，全十为什么把"鬼节"放在七月十五，原因则与道、佛两教的宗教活动有关。在道教的教义当中，与"天官赐福"相对应的是"地官赦①罪"，七月十五正是"地官"检验、考核鬼的日子，死者的亲属，特别是后人在这一天供奉和祭拜"地官"，可以使"地官"宽恕死者生前所犯的过错，赦免对死者的惩罚，因此，道教将七月十五定为"中元节"，百姓受其影响，集中在每年七月十

---

① 赦，she，四声，减轻或免除对罪犯的刑罚。

五祭奠亡故的祖先。在佛教的传说当中，佛祖释迦牟尼有一个名叫目莲的弟子，梦见自己的母亲因生前的过错被打入"恶鬼"行列，他请佛祖想办法搭救，佛祖让目莲在盆里放上果品贡物做成"盂兰①盆"，在七月十五这一天供养众僧，目莲按照佛祖的指示去做，他的母亲便得救了，于是，佛教寺庙于每年七月十五都要举办"盂兰盆会"，盛大的法事活动对于凡俗百姓有着很强的感染力，从而使中元节祭奠祖先的活动更加固定和普遍化。

在中元节的祭奠活动中，主要的祭品是食物，但道家讲究鸡鸭鱼肉的"荤祭"，而佛家则要求果瓜梨桃的"素祭"。除了供品以外，最有节日气氛的活动便是"放河灯"，因为在民间习俗当中，正月十五是上元，为人间过了灯节，人间即"阳间"，"陆为

---

① "盂兰"是梵语的译音，意思是"解救倒悬"，佛家把痛苦比喻为"倒悬"。

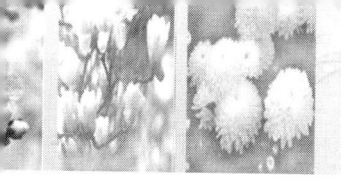

第十二个节日　中元节

阳",所以人间的灯节在陆地进行;七月十五为中元,理所当然地要为"阴间"的鬼魂也过灯节,"水为阴",所以阴间的灯节要在水里举办。百姓家庭制作河灯,一般是用薄木板和五色纸做材料,底座为盘状莲花形,所以有的地方也把河灯称为"荷花灯",底座上面放置的彩灯用蜡烛点燃,有的人家还把亡故先人的名讳写在灯上,中元之夜将河灯放入河流之中,让它随波漂流,取"超度"的意思,如果河灯漂向远方不得而见或在漂行当中自然靠岸,人们就说亡魂已经到达"彼岸世界";如果河灯在漂流中沉没,人们则说亡魂已被拯救将获得新生,无论怎样,人们都怀着良好的愿望,在满河幽幽灯火的徐徐漂动中,祈祷已故前辈的灵魂安详、自由。

中 秋 节

  在中国古老的夏历纪年法当中,七、八、九三个月为秋,俗称"三秋",八月恰在"三秋"正中,而八月十五又恰在八月之中,因此,把八月十五称为"中秋"是再合适不过的了。秋天,因植物的成熟而变成一个金黄色的季节,人们有理由享受收获的乐趣,也有必要为即将到来的漫漫冬季做好心理和情绪上的准备,在这个时候选择一个轻松愉快的日子,过一个温馨浪漫的节日,是很有必要的。我们的祖先选择了八月十五,并把这个节日叫做"中秋节"。

  中秋节是一个与月亮有关的节日,"秋高气爽","天高云淡",如果不是阴雨天气,八月十五的月亮就是秋天里最浪漫动人的景色,说它浪漫,原因在于人们观赏月色,并没有像享受阳光那样具有实用的功效,进而也就没有功利行为的束缚,剩下的只有想象的自由驰骋,情怀的尽兴抒发。所以,当古人仰望一轮明月的时候所发生的种种猜想、为我们留下的种种传说,都是那样的虚幻、唯美,打动着一代又一代的中华儿女。

  在古代关于月亮的传说中,古人最直观的描绘是把

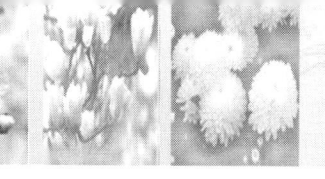

第十三个节日　中秋节

月亮称为"银盘"、"银盆"、"银轮",更有想象力的称谓是"冰轮"。我们相信古人是无法测量月球表面温度的,但他们根据直觉把月亮同寒冷联系在一起,"琼楼玉宇,高处不胜寒",称月亮为"广寒宫",这就是接下来更为细致的观察和猜想了,一轮皓月当中有着明暗不同的阴影,仿佛巍峨的宫殿、仿佛婆娑的树木、仿佛俏丽的佳人、仿佛可爱的动物,真是"一千双眼睛里面有一千个月亮"。在许许多多的传说中,嫦娥的故事恐怕是最普遍的了。

嫦娥,多数传说认为她是射日英雄后羿的妻子,古代典籍说她偷吃了后羿的长生不老药飞到月宫做了神仙,但一个"偷"字还是语焉不详,如此温婉美丽的女人怎么会偷呢?于是人们又在"偷"字上演绎出更多的猜想,因为世人更愿意相信善良的动机,所以嫦娥偷吃仙药的故事就有了这样两个版本:一说后羿得到上天赐予的不老仙药之后交给妻子嫦娥保管,而后羿的一个居心险恶的部下趁后羿不在的机会来抢夺仙药,面对这一突发事件,嫦娥为避免仙药落入贼人之手,采取断然措施,将仙药吞入自己的腹中。另一说法是后羿功成名就之后变成了一个崇尚暴力、草菅人命、鱼肉百姓的恶人,为了尽早结束他的残酷统治,避免人民遭受永久的苦难,嫦娥毅然偷吃了后羿的仙药。不管是出于上面所说的哪一种原因,嫦娥吃下仙药以后,一下子变成了长生不老的神仙,飞向月亮、入住月宫,成为百姓心目中月亮的代表,而月亮也就成为百姓心目中美丽的女神,所以,也有人把形容女子姿态美好的"婵娟"一词用来代指月亮。

除了嫦娥以外,在民间神话中月亮上还有一位男性居民,名叫吴刚。道教传说中的吴刚是一个执著地痴迷于学道成仙却屡屡犯错的人,对于这样一个虔诚的信徒,上帝既要成全他的神仙梦,又要惩戒他的错误,就把他送到月亮上去砍伐桂树。在古人的想象中,月亮上面如同植物枝叶一般轻轻摇曳的影子,就是神奇的桂树,正是这位吴刚把桂树的种子带给人间,世上才有了芬芳的

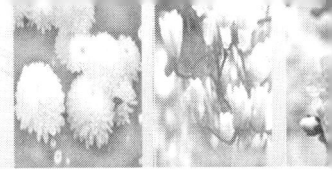

桂花，才有了香醇的桂花酒。毛泽东主席曾用"吴刚捧出桂花酒"，"寂寞嫦娥舒广袖，万里长空且为忠魂舞"的词句，纪念为人民解放事业壮烈牺牲的英雄。

关于月亮的最离奇的故事莫过于"广寒宫"的传说了，因为这个传说同中国古代一部著名但却充满神秘色彩的音乐作品有关，这部音乐作品就是"霓裳羽衣曲"，这支乐曲由唐代玄宗皇帝李隆基创作，并由杨贵妃编配舞蹈，所以又称"霓裳羽衣舞"。相传，唐玄宗在梦境中由他的"天师"陪同，于中秋之夜来到了月亮之上，见到月宫门上的匾额写着"广寒清虚之府"，这就是后来人们说的"广寒宫"的来历，待玄宗皇帝入得宫内，只听得乐曲玄妙优美，只见得仙女们舞姿翩翩。醒来以后，唐玄宗根据自己对梦境的记忆，一点一点地拼凑、整理和完善，甚至到了朝不理政，夜不成寐的境地，"工夫不负有心人"，唐玄宗终于把这部梦幻般的乐曲创作出来了。现在，人们只是根据文字记载和文学描述知道"霓裳羽衣曲"是享誉一时的宫廷"大曲"，用音乐、舞蹈、服装表现了虚无缥缈的仙境和婀娜曼妙的仙女形象，但谁也没有见到过这部"大曲"的"真容"。因为，在"安史之乱"以后，随着唐朝政权的衰败，这部经典音乐作品不幸失传；据说南唐王朝的国君李煜，曾经把"霓裳羽衣曲"的大部分都补齐了，可惜在宋军攻破都城金陵的时候，李煜下令把它全部烧毁了。

当然，关于月亮的传说还有很多，比如，说月亮上面有一只洁白的兔子陪伴嫦娥，人们称它为"玉兔"，这只玉兔为了帮助神仙炼制仙丹而不停地捣药，还把月亮称为"蟾蜍"，称月宫为"蟾宫"等等。所有的传说大都是善良、美好的，面对这样一轮外形美丽、内涵美好的明月，必然引得人间百姓顶礼膜拜，中秋拜月、祭月，也就成为节日活动的重要内容。

古代的拜月、祭月十分讲究，最初是通过祭拜希望获得"貌似嫦娥，面如皓月"的美丽容颜，所以叩拜者只能是女性，民间

第十三个节日　中秋节

有"男不拜月，女不祭灶"的说法，同时也在圆月的"圆"字上寄托家人团圆的寓意；后来，以祈祷阖①家团圆为目的中秋祭月逐渐成为主流，祭祀供品多取圆形，月饼和西瓜是必不可少的食物，月饼要全家人分而食之，事先要算好全家一共有几口人，再把月饼切成多少块，每人一块，不能多，更不能少；圆圆的西瓜要一切两半，切口必须是齿状的，人们认为这样的形状像莲花，是吉祥的象征。

说到月饼和西瓜，很多人都知道西瓜是从西域传入中国的，所以叫"西瓜"；但是也许很少有人知道，有着地地道道本土名称的月饼，它的"身世"也和西域有关系。月饼除了有"月团"、"团圆饼"的别称以外，还有一个名字叫"胡饼"，相传在唐代的时候，高祖李渊皇帝在八月十五为打了胜仗的将士举行庆功宴，

---

① 阖，he，二声，全，总共。

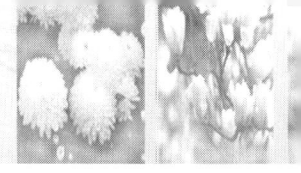

当时有西域商人献饼祝捷,这种圆形的饼里面包裹着西域特产的胡桃仁、芝麻等做成的馅,吃起来香甜可口,唐高祖非常高兴,指着月亮说道:"应将胡饼邀蟾蜍",然后将胡饼分给将士们共享,后人认为这是中秋分食月饼的开端。自唐代开始,中秋节吃月饼的风俗广为流行,史书记载说,有一年的中秋节,唐僖宗正在吃月饼,听说当年新考中的进士也在附近聚餐,就派人用红绫包裹月饼赏赐他们,一时间月饼被称为"红绫饼"。到了宋代,月饼已经成为中秋节的必备食品,而且出现了许多花色,比如"荷叶"、"金花"、"芙蓉"等,大诗人苏轼在品尝月饼时赋诗称赞说:"小饼如嚼月,中有酥与饴",月饼里面有酥油和饴糖,真是又香又甜。到了明代,不仅百姓自家在中秋节吃月饼,而且做好月饼之后在亲友之间互相赠送,有描写当时风俗的记载说:"八月十五谓之中秋,民间又以月饼相遗①,取团圆之义"。商铺制作月饼应节销售,更是花样百出,甚至"有一饼值数百钱者",看来"天价月饼"自古有之。

关于月饼的故事,除了这些祥和的说法之外,也有与战争有关的传说。常见的说法是在唐高祖举兵攻打突厥的时候,以及明太祖起兵造反的时候,都曾把作战命令藏在月饼中传递出去,并成功地指挥部队取得了胜利,据说由此还形成了后人在月饼中放纸条的习俗,一直到20世纪中期,有些地方的月饼上还贴有纸片。设想一下当时的条件,如果真的把军事行动定在中秋节期间,那么,在月饼馅里藏一张写明进攻时间的小纸条,利用老百姓家家户户送月饼的机会传递出去,指挥参加起义的民众同时行动,也许还真是一个可行的办法。

中秋节作为中原百姓的四大节日②之一,以其独具浪漫色彩的

---

① 遗,wei,四声,赠予,送给。
② 另外三个节日分别是春节、清明和端午。

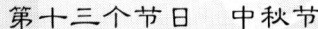

第十三个节日 中秋节

特点而著称，使得无数诗人情有独钟，在历史上留下大量以祈祷和平、安定和团圆为主题的诗词歌赋，成为古典诗词百花园里的一枝绚丽的奇葩。唐代诗人张九龄"海上生明月，天涯共此时"的诗句，说出了华夏儿女共同的愿望；宋代大文学家苏轼在一个丙辰年的中秋节，通宵畅饮之后，乘着大醉的酒意，写下了"明月几时有，把酒问青天"的绝代佳作，发出了"但愿人长久，千里共婵娟"的永恒祝福；词坛女杰李清照以细腻的笔触描绘"雁字回时，月满西楼"的深秋景致，一句"此情无计可消除，才下眉头，却上心头"，说得多少身隔两地，盼望团圆的人潸然落泪；才华横溢的清初词人纳兰性德中秋之夜思念自己早逝的妻子，一首"碧海年年，试问取，冰轮为谁圆缺？"的《琵琶仙》，表达了生死不渝的夫妻深情。

鉴于中秋节的深厚文化内涵和在人民群众中的深刻影响，我国政府于 2006 年 5 月 20 日将这个节日列入国家级非物质文化遗产名录，2008 年起，又把它规定为国家法定节假日。

重 阳 节

在古人看来,"数起于一,而处于九","九"是数字的尽头,"九"之后只能从"一"开始重新再来;同时,"九"又是道教所说的"阳数",所谓"九,阳之变也",按照这样的看法,九月九日则是"两九相重,日月并阳",因而被古人称为"重阳"。特意选择重阳举行祭祀活动,早在战国时期就已经形成风气,成为实质上的民间节日,到了唐代,朝廷将重阳正式确定为节日,从此便一直延续下来。

为什么要特意选择重阳这一天来进行祭祀?祭祀的内容又是什么呢?研究历史的专家学者认为,最初选择重阳进行祭祀的原因,可能来源于古人的"末日"恐惧,因为进入九月,古人借以判断季节变化从而安排生产和生活的标志性星宿"大火"悄然隐没了,一年的时间即将走到尽头,就要进入到严冬无所作为的隐居状态了,人们不无忐忑地期待着"大火"星能够如人所愿地再次出现,好重新指引人类继续生存下去;而恰恰是在这个时候,人们遇到了一个加剧心理恐惧的日子——九月九日,两个代表"尽头"的数字不祥地碰到了一起,古人

第十四个节日 重阳节

把这些自然的现象看做是"凶兆",必须用祭祀活动来规避凶险的发生,并祈祷人们顺利度过这一段"黑暗"时期。于是,就有了这样一个传说:有一个名叫桓景的人跟随大师费长房一边游历一边学习,有一天费老师突然对学生桓景说,九月初九你家将有大难,赶快回去让你全家躲到附近的山上,还要每人做一个布囊装上草药茱萸系在胳膊上,并且要喝菊花酒,这样才可以避免灾难伤害到你的家人。桓景火速赶回家里按照老师的话一一办好,等到全家从山上返回时,发现留在家里的牲畜全都无缘无故地死掉了,桓景回去把家里的情况报告给老师,费长房说,这些牲畜代替你的家人受难了。这个故事流传开来,百姓们纷纷在九月初九出门登高,佩戴茱萸,喝菊花酒,这些做法很快便流行起来,成为民间的一种风气和习俗。

如果仅仅是怀着恐惧的心情消极地"辟邪",那岂不是全然没有过节的味道了吗?重阳又怎么能够称为"节日"呢?热爱生活而又充满中华传统智慧的祖先们,很快就从对于"九九"这个"极数"的惧怕情绪中萌生了"借势"的愿望,既然"九九"是最高的"阳数",而人活在世间的寿命就是古人心目中的"阳寿",那么,何不通过祭祀和祈祷,在重阳之日借"九九高阳"之势来为人增寿呢?更何况"九九"与"久久"音、义两合,正如古人所说:"九作久,阳数九为老,久义也",于是,重阳就成为人们通过消灾辟邪来祝福长寿的快乐的节日了。魏文帝曹丕在重阳日写过一封书信,信中说:"岁往月来,忽复九月九日。九为阳数,而日月并应,俗嘉其名,以为宜于长久,故以享宴高会"。曹丕的这段文字,说明了早在三国时代,登高聚会、宴请宾朋以祝福长寿,已经成为重阳的主要节日活动内容了,传承下来,就像唐代诗人沈佺期诗中所说:"年年重九庆,日月奉天长"。

重阳节"借势"的意味典型地体现在"登高"上,"九九

· 83 ·

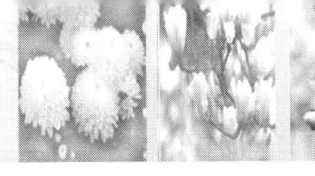

为至高,人们便要顺势登高,让自己站在高点之上,借以增高,祈求得到"高寿"。每逢重阳,虽然家家户户外出登高,但那时的"登高"并不是我们现在的"登山运动",而是更接近于"秋游",晚秋的郊野,"树树深红出浅黄",碧绿的色彩正在退出大自然的画面,我们的先人就把重阳登高称为"辞青",与春天的"踏青"遥相对应,多么具有诗意。既然是"辞青"的秋游,当然就没有匆匆的步履,人们漫步山林,饱览秋光,怡然自得,甚至到了如醉如痴、物我两忘的境地。相传晋朝大司马桓温与参军大将孟嘉等人重阳登龙山,孟嘉痴醉于山间秋色,帽子被风吹掉了还浑然不觉,桓温命人作文讥笑他,孟嘉反而作文应答,留下了"龙山落帽"的典故。人们在游览间歇还要围坐野餐、烤肉,宴饮一番,文人们还会乘兴吟诗作画,寂静秋林一时间喧闹起来。重阳登高的时尚发展到鼎盛时期,人们有山登山、无山登塔、登楼、登高阁,几乎是见高则登,据说传世佳篇《滕王阁序》就是王勃于重阳之日所作。明清时期,北京人远登西山八大处,近登天宁寺、陶然亭;广州人登白云山;而无山可登的上海人就登豫园里面的大假山,到了民国时期,连24层高的国际饭店也成了重阳登高之所。百姓如此,皇家也不例外,宫廷有人工堆成的土丘,专供皇帝重阳登临,称"万岁山";清代末期,慈禧"老佛爷"跑到现在的北海公园登"桃花山",与文武大臣野餐、烤肉,并以蓝布围挡,派亲兵把守,禁止百姓窥视。

唐代诗人王维远在异乡,重阳之日思念家中亲人有感而发,写下了"遥知兄弟登高处,遍插茱萸少一人"的诗句。"茱萸"是我们在了解重阳节的时候不得不说的。茱萸是一种常绿小乔木植物,果实成熟后为绛红色,有芳香、辛辣的气味,具有杀虫消毒、驱寒祛风等功效,历来就是我国人民常用的一味草药,现在药店销售的"六味地黄丸"、"十全大补丸"等中药里面,都有茱萸的成分。茱萸也有不同的品种,药用价值比较高,是

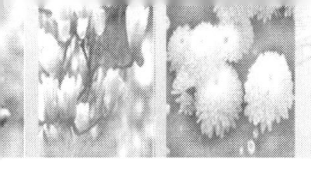

第十四个节日 重阳节

古代称为"吴"一带地区出产的"吴茱萸"。相传在春秋时代,弱小的吴国向楚国进贡的物品中就有"吴萸",但不识货的楚王看不上这种土里土气的东西,要把吴国的使臣赶出去,楚王身边一位姓朱的大臣好言相劝留住了吴国使臣,仔细了解了"吴萸"的用途并把它保存起来,后来楚王受寒腹痛难忍,医生都没有办法,这时姓朱的大臣连忙取出"吴萸"给楚王服用,很快便解除了病痛,楚王高兴地奖励了朱姓大臣,并向吴国道歉。以后,"吴萸"便被广泛种植和使用,为了纪念朱姓大臣,人们在"吴萸"中加上"朱"字,流传到后世,不仅"吴"地有这种药材,其他地区也有,所以"吴"字渐渐被人遗忘了,而"朱"字却一直保留着,并按照汉语的用字习惯在"朱"字上加了"艹",成了广为人知的"茱萸"。由于茱萸的实际药用价值,以及它散发的辛香气息、紫红的色泽,再加上关于它的神奇传说,所以,古时候的人们都相信茱萸具有驱邪避害的作用,茱萸也由此获得了"辟邪翁"的雅号,无论王公贵族还是平头百姓,都会在重阳节缝制和佩带"茱萸囊"、插茱萸、戴茱萸,喝茱萸酒,渐渐成为我国人民的一个风俗习惯。由于茱萸在重阳节扮演着如此重要的角色,因此,人们索性把重阳节称为"茱萸节"。

还有一种植物是必须提到的,那就是菊花。菊花也叫"黄花",原产于我国,最初有17个品种,明清之际传入欧洲,在人工培植过程中增加到30多种。中国医药理论认为,菊花"味微辛、甘、苦,性微寒",具有"疏风散热、清肝明目"的解毒功效,自古就有以菊代茶、以菊制酒的饮食风俗,传说在河南南阳一带有个叫甘谷的村庄,盛产菊花,清泉流经花丛,花瓣散落水中,村民世代饮用散发着菊香的泉水,那里的人个个都是老寿星,年长的百三十岁,年轻的也能活到七八十岁。这样的故事在民间流传,更增加了人们对菊花健身益寿作用的追捧;

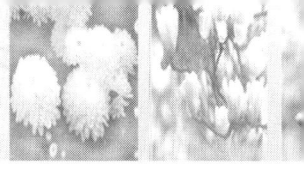

而且，菊花的盛花期是在"我花开后百花煞"的晚秋时节，其他花朵都凋零了，而菊花却正在开放，也让人觉得菊花比其他花卉的寿命更长，所以，古人把菊花称为"延龄客"、"延寿客"、"傅延年"，菊花酒是重阳节必饮的佳酿，赏菊则是重阳节重要的活动内容。

菊花酒在我国有着悠久的历史，在中华酒文化中占有重要的位置。相传，酿制菊花酒在汉魏时期已经盛行，酿制菊花酒，要在九月九重阳日采摘初放的菊花，连同些许青翠的花茎和菊叶，一起放入配制好的酿酒主料当中，放置一年以后，在来年的重阳节饮用。写出"采菊东篱下，悠然见南山"诗句的晋代诗人陶渊明认为："酒能祛百病，菊解制颓龄"，重阳饮菊花酒，既能够在生理上起到活血化淤的保健作用，又能够在心理上发挥祈求长寿的暗示作用，遂成为各界人士的喜好。为迎合这一民俗，有人用世代家传的菊花酒酿制秘方酿酒销售，形成了百年品牌，据说酿酒业的兴旺就与重阳饮酒关系密切，有些地方的酒坊以重阳为祭祀酒神的日子，还有一些地方的酒坊规定必须在重阳下料酿酒，因为只有在阳气最旺的九月九日才能酿出好酒。

重阳赏菊也是十分热闹的盛大活动，不少有条件的人家于重阳举办花会，展示的菊花动辄数百盆，甚至摆放成"花山"、"花塔"，供游人观赏；也有专门栽培和贩运各种菊花的商人，在重阳摆花市，供人们买回家里，或置于庭院盆栽，或置于几案瓶养，为居家环境增添一份清雅和吉祥。普通百姓逛花会、花市，争相观看争奇斗艳的菊花新品种，文人墨客则寓意于花，吟诗作赋，留给后人无数咏菊名篇。

重阳节真是满街菊花、满桌菊花、满纸菊花，仿佛菊花就是为九月九才开放的，难怪人称菊花为"九花"。

九月九求高寿，不仅要登高，还要吃"糕"，"糕"与"高"

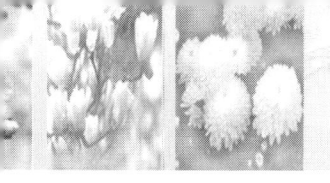

第十四个节日 重阳节

同音,在重阳节食用糕点,也是流行的民风。有史书记载汉代民风说:"九月九日,佩茱萸,食蓬饵,饮菊花酒,云令人长寿","蓬饵"就是古代米果之类的糕点,后来发展成专门制作的"重阳糕",供人们在节日食用。"重阳糕"也叫"花糕"、"菊花糕",一般的制作方法是用面粉、米粉蒸制,中间夹入青果、小枣、核桃仁之类的干果,习惯上要贴上香菜叶,表明它是专为节日制作的"花糕",这种简易制作的花糕叫做"糙花糕";比它精致一些的叫"细花糕",要蒸制成二三层的样子,每一层中间都夹着苹果脯、桃脯、杏脯等蜜饯;最讲究的花糕要做成九层的宝塔状,暗合"九九"之意,在"宝塔"的顶端,要做两只小羊的造型放在上面,暗合"重阳"之意,更有附会者,在花糕上点燃蜡烛曰"灯",灯在糕上,取"登高"的意思;再插上一面小小的纸红旗,象征"茱萸",真可谓煞费苦心。

随着节日内容的发展变化,祈望长寿的主题越来越鲜明,从而引导人们羡慕、敬重那些长寿的老人,学习和推广长寿人群的生活经验,进而又启发出人们对老年人的普遍尊敬,重阳节为老人贺寿、祝寿也渐渐形成风气,重阳节又增添了敬老、爱老的内容。

从重阳节的历史变迁中,我们可以发现与端午节相同的道理。从担心五月初五的"五毒俱出",最终演变为除虫灭害的"讲卫生"运动;从惧怕九月初九的"阳极必反",最终演变为借势延寿的"尊老爱老"活动,我们的祖先在面对生活中的种种"不利"、"不顺"的时候,并不是无所作为、听天由命的,他们在困难面前所表现出的积极、智慧、乐观和豁达的精神,为中华民族留下了热爱生活的优良传统。

中国人的20个传统节日

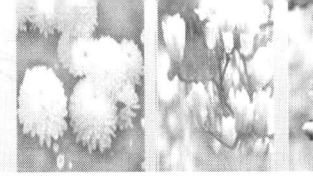

寒 衣 节

  中国夏历的十月、十一月、十二月为冬季,古人合称其为"三冬";"三冬"恰好有九十天的时间,又被称为"九冬"。古人诗云:"九冬负霜雪,六翮①飞不任",意思是说九冬的天气夹霜带雪,飞鸟也无法自在地翱翔了,说明进入冬季以后,天寒地冻,万物萧疏,家家户户忙着置备防寒保暖的衣物,田间街市却因为人们减少了户外活动而显得沉寂冷清。十月是入冬的头一个月,称"孟冬",古人有在十月初一"换季"的习俗,古书记载说:"是月,天子始裘",十月份,贵为天子的一国之君,开始穿着毛皮衣物,明代朱元璋做皇帝的时候,十月一日早朝要行"授衣"之礼;老百姓的"换季",则是在家庭主妇的主持下,为家人换上适合冬季御寒的服装,即便是天气尚暖,暂时不用穿棉衣、棉裤,也要在十月初一这一天把冬装拿出来试穿一下;同时,家里主事的男人则要把取暖用的炭火炉灶收拾停当,并且点火"试运行"检验一下供暖效果。在这样一个季节交替、

---
① 六翮,he,二声,鸟翅上的大羽毛。

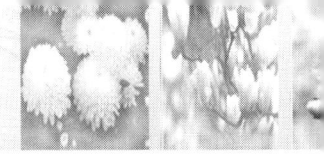

心绪转换的时间节点上,我们古代的先民们照例会想念那些逝去的故人,想到抚慰他们在"阴间"清冷孤寂的灵魂,于是便在民间自发地形成了为亡人"送寒衣"的风俗,遂使十月初一成为"寒衣节"。由于"寒衣节"的主题也是缅怀逝者,所以人们把"寒衣节"也归入"鬼节"的行列。

在民间传说中,寒衣节的来历与两位历史人物有关,一位是大名鼎鼎的孟姜女;另一位是造纸术发明者蔡伦的兄弟蔡莫。

话说当年秦始皇修筑万里长城,在全国各地强征劳役,把孟姜女的新婚丈夫抓走了,眼看隆冬将至,远在边关的丈夫还是杳无音讯,孟姜女便赶制了棉衣亲自送往塞北,万万没有想到,孟姜女来到长城脚下,得到却是丈夫已死被埋的噩耗。孟姜女无法抑制内心的悲愤放声痛哭,哀伤怨恨的哭声感天动地,长城也轰然坍塌,孟姜女在丈夫的遗骨跟前焚烧了随身带来的冬装,灰烬竟然飘落覆盖在丈夫的骨殖上面。相传孟姜女为丈夫送寒衣的日子就是十月初一,百姓便以这一天为寒衣节,给自己去世的亲人"送寒衣"。清代史料记载:"十月朔…士民家祭祖扫墓,如中元之仪,晚夕于缄书冥楮①,加以五色彩帛作成冠带衣履,于门外奠而焚之,曰'送寒衣'。"大意是说,在十月初一这天,各业百姓举行家庭的祭祖扫墓活动,其形式与中元节相类似,到了晚上,人们用彩色的丝绢做成衣物鞋帽,并把写有慰藉亡灵话语的"书信"以及"捎给"亡人的纸钱放在衣服里面,入夜时分在家门外边祭奠后烧掉,这种习俗被称为"送寒衣"。

"送寒衣"尽管表达的是生者对于死者的真诚怀念,但是每年都用"五色彩帛"一针一线地缝制"寒衣",对于一般人家而言也过于破费,于是人们便逐渐地倾向于以烧纸来代替烧衣物,这样,在民间传说中,又出现了"慧娘还阳"的故事。故事说东汉

---

① 楮,chu,三声,祭祀时焚烧的纸钱。

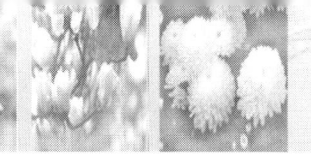

第十五个节日 寒衣节

发明造纸术的蔡伦有个兄弟叫蔡莫,仿照蔡伦的方法造纸卖钱,但由于其学艺不精,产品质量太差,一捆一捆的粗糙纸张堆在店里根本卖不出去。忽有一日街坊四邻听闻蔡家哭声大作,近前看时,只见蔡莫守着自己妻子慧娘的棺材,一边焚烧他的糙纸,一边哭喊说,都是因为自己造的纸没有用处、卖不掉,惹得夫人气急而亡,现在我把这些纸统统烧掉,给夫人赔罪。正当围观群众越来越多,人们议论纷纷的时候,突然棺材里面传出响动,仔细听时,竟然是慧娘在里面敲打,还说:"快开门吧,我回来了",人们在惊诧之中帮忙打开棺材,慧娘果然起身站了出来,她告诉大家说,自己正在阴间被阎王罚推磨,接到丈夫送来的钱就顺手分送给旁边的小鬼,小鬼们得知慧娘有钱,就争着来帮慧娘推磨,慧娘一看有钱果然能使鬼推磨,就把钱送给阎王,阎王见钱眼开,就准我"还阳"回到了人间。蔡莫疑惑地问,我啥时给你送钱了?慧娘告诉他说,积压在店里的这种糙纸烧掉以后,就是阴间使用的钱。消息传开,街坊们都来买蔡莫的糙纸,因为慧娘"还阳"的这天正好是十月初一,以后大家就在这天为自己去世的亲人焚烧这种糙纸。据说以后有人指责蔡家是编造谎话来骗人买他的糙纸,但是百姓们依然愿意用这种节俭的办法在寒衣节祭奠亡人。

古时候,十月初一还是处理许多丧葬事宜的日子,比如,古人讲究儿女们要为死去的父母穿"孝服"、"守孝",期限为三年,截止日期就是第三年的十月初一;再比如,要想给故去的先人迁坟或合葬,一般也要在十月初一进行。另外,十月初一还曾经是朝廷有关部门向民间颁布新一年皇历的日子。

无论是"孟姜女送寒衣",还是"慧娘还阳",虽然这些民间流传的故事都没有什么正式的记载,但是十月初一作为祭奠亡故亲人的节日,在历史上是客观存在的;而且,这种祭奠活动逐渐趋于形式化也是事实,说明我们的祖先看重的是尊重先贤、尊重历史的民族传统,而不是一成不变地墨守成规,随着历史的变迁,对于祖先的祭奠活动也从时间上的分散逐渐趋向于集中,发展到今天,人们更习惯于在清明节这样日子里缅怀先贤英烈,寒衣节则留在了历史的记忆当中。

下 元 节

在传统的中华文化当中,"下元"有许多含义,比如,在中医里面,"下元"指人的"肾气";而对于修炼气功的人们来说,意守"丹田"所指的部位,也叫做"下元"。作为一个节日,"下元"则是特指夏历的十月十五,它与正月十五的上元节、七月十五的中元节相对应,是发源于道教学说的一个历史悠久的传统节日。

道教有"三官",天官、地官、水官,在道教看来,天官赐福,地官赦罪,水官解厄。厄,过去写做"戹",是困苦、灾难的意思;也写做"陀"或"阨",有穷困的意思,所以,凡带"厄"字的事情,多是不吉利的,比如,厄境、厄运、厄难、厄劫、厄穷等。排解、解除或者远离这个"厄",是天下百姓普遍的愿望。那么,天地之间什么事物可以"解厄"呢?道教认为,水可解厄。老子有云:"上善若水。水善利万物而不争,处众人之所恶①,故几于道"。最接近天道的就是水,水以大善解除

---

① 恶,读 wu,四声。

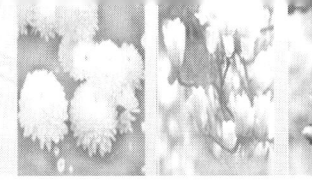

大恶,荡涤灾害、冲刷罪孽,这就是所谓"水官解厄"的道理。与"三官"相对应的,就是"三元":上元、中元和下元,这三个日子分别是天官、地官和水官的诞生日,根据道教的宣传,在十月十五这一天,水官要考察和记录人们的行为,报告天庭批准之后,就会为那些有虔诚善举的人们"解厄"。由于道教关于"水官解厄"的说法迎合了人们的普遍愿望,所以,十月十五"下元日"不仅是道家的宗教节日,也很快演变成为古代官方和百姓都十分重视的一个世俗节日了。

根据史书记载,在十月举行盛大的节庆活动古已有之。《诗经·豳风·七月》中有"十月涤场",村民们在公共祠堂里设宴饮酒的描写;到了汉代,十月举行的祭祀活动延续了先秦的隆重气氛,并要求用动物的肾脏作为祭祀的"贡献",因为肾是五脏中与水对应的器官,以肾脏祭祀,利于通神;至魏晋之际,道教正式将祭祀节点确定在十月十五,称之为下元节。

在下元节这一天,道教宫观里面通常要做"道场",为民众解厄除困,道观附近的百姓都会前往观看祭祀仪式,并拜祭水官和祖先,祈求神灵降福。一时间道观周遭人头攒动,看相、算卦的"半仙"、"大师"以及各路商贩摆摊设点,形成一派熙熙攘攘、热闹非常的节日景象。与"解厄"的主题相呼应,还逐渐形成了下元日民间不宰杀牲畜、官家不判处极刑或延缓死刑执行日期等风俗。

除了公共场合的节日活动外,百姓人家也举行了自己的祭祀和节庆活动,比如,为迎接水官的降临而在厅堂里张挂提灯并在灯下供奉鱼肉水果、为逝去的亲人焚烧"金银包"等。特别是在江南地区,人们种植水稻、捕捞鱼虾、驾驶舟船,生产、生活与水的联系非常密切,因而对于下元节更加重视。节日期间,农家多用新米磨粉做成团子馈赠亲朋,在自家大门口竖起"天杆",

第十六个节日　下元节

白天在杆顶悬挂写着"天地水府"、"风调雨顺"的杏黄旗,晚上则将杆顶的旗子换成"天灯"迎引水官到来,虔诚的善男信女要通宵达旦地诵念《三官经》,不少地方还举办"赛神会",古人用"才过中元又下元,赛神箫鼓巷头喧"的诗句描绘了当时的热闹场面。

与其他许多节日一样,下元节之所以被古代先民广泛接受并流传久远,源于中华民族的文化信仰和精神崇拜。我们的祖先把道教中的天、地、水三官大帝,同中华民族的先贤始祖尧、舜、禹相对应,下元水官就成为与圣贤尧、舜齐名的千古帝王大禹,而大禹最为著名的功绩恰恰就是治水。禹,为夏后氏,姓姒①,名文命,号禹,出生在古涂山氏国,后封于夏,因而后人又称其为夏禹,是夏朝的第一个天子。大禹治水,为中华民族留下了"因势利导"的治理思想,留下了"三过家门而不入"的敬业精神,留下了"身执耒臿②以民为先"的勤政风范。大禹的品行德操,为华夏儿女世代传颂。所以,我们的祖先因水而思禹,但对于禹的信仰和崇拜,却有着更加深刻的文化内涵。古人在企盼以水解厄的时候,是否同时也在呼唤人们内心道德的力量呢?

---

① 姒,si,四声。
② 耒,lei,三声,古代翻土工具;臿,cha,一声,同锸,古代挖土工具。

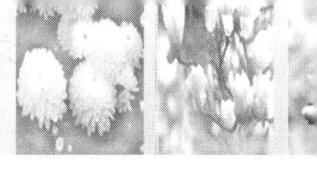

在历史上，下元节还被民间工匠当做敬奉炉神的日子。古代的铁匠、煤窑匠、磨刀匠、蹄铁匠等工匠，有敬奉炉神的习俗，所谓炉神，被认为是太上老君，也就是道教的道祖老子。炉神之所以跟老子扯上关系，有人做过这样的猜测：道家向来以炼丹闻名，那些被民间传得玄而又玄的"仙丹"，就是从神秘的炼丹炉里产生的，而老子是道教之祖，炼丹神炉自然归他老人家掌管，于是，在许多神话传说当中，太上老君总是和炼丹炉同时出现的，人们也就想当然地把老子奉为炉神了。

古代道家炼丹所说的"丹"或"丹砂"，其实就是硫化汞，即硫与汞的无机化合物，这种物质呈现红色，故称为"丹"。据考证，古代先民很早就开始尝试利用矿物炼制药品，炼丹术在战国中期就已经出现了，秦汉以后盛行起来。但不幸的是，由于人们对于"长生不老"的追求，特别是皇室对于"万寿无疆"的强烈欲望，使得祖先们制作矿物药物的探索走入了歧途。不同矿物混合后经过所谓"修炼"，产生出见所未见的奇妙色彩，以及它们永不腐败的稳定性，都使人们对于出自炼丹炉中的这些神秘颗粒产生出无限的遐想，认为这些颗粒被人服用后，会产生同样神奇的效果。于是，炼丹活动越来越诡秘，炼丹材料越来越怪异，所炼就的"丹药"也越来越对人体有害无益，最终，"炼丹"以及"炼丹炉"也就退出了历史舞台。然而，事无绝对、祸福相依，英国著名史学家李约瑟博士在《中国科学技术史》中认为，中国的炼丹术是世界"整个化学最重要的根源之一"；据说，火药的发明也和炼丹有着直接的关系。

同样，炼丹炉虽然退出了历史舞台，但太上老君"炉神"的地位一直是不可动摇的，矿业、冶金业的工匠们坚持认为，十月十五是太上老君的生日，在这一天，工匠们要歇业欢宴，祭拜炉神。宴饮时，铁匠位列上座，因为铁匠被尊为"百业之首"，很有一点现代的"钢铁元帅升帐"的味道。

第十七个节日

冬　至

冬至是二十四节气中的一个节气，有"冬天将至"的意思，这一天，北半球白天最短、夜晚最长；过了这一天，则是白天越来越长，夜晚越来越短了。据说，大约在2500年前的春秋时代，我们智慧的祖先就已经观测出了冬至到来的时间，冬至也成为二十四节气中最早制定出来的一个节气。在讲究阴阳的中华传统文化中，人们认为，到了冬至"阴极而阳始至"，是阴阳转化的关键的时间节点；自冬至开始，白昼渐长，阳气回升，因此，冬至是一个重要而吉祥的日子，值得庆贺，这就是古人说的"冬至阳气起，君道长，故贺"。于是，冬至就成为中华民族最古老的传统节日之一了。冬至作为一个节日，又被称为"冬节"、"长至节"；人们过冬至节，也被称为"贺冬"。

冬至在我们祖先的心目中，自古以来就是一个非常重要的节日，有"冬至大如年"的说法，这一方面是因为，在使用周朝历法的时代，正月就是夏朝历法的十一月，过新年和过冬节是合并在一起的，直到汉武帝诏令使用夏朝历法以后，过大年与过冬节才分开；另一方面，冬节在年节之前，大事宴饮、广为馈赠的喜庆活动还没

有正式开始,所以各家各户储备颇丰,对于寻常百姓而言,过冬节比过年节感觉更宽裕、出手更大方,所以,也有"冬肥年瘦"之说。古人云:"冬至,拜节,或以羊、酒相馈遗,谓之'肥冬'。"终年劳作,收获"肥冬",百姓自然欢天喜地,官府依例放假休息,自成一派祥和、吉庆的节日气氛,所以,古人又称冬至为"喜冬"。

史书记载,早在周代就有冬至祭祀活动,所谓"以冬日至,致天神人鬼",感谢上天赐福使阴阳再得转化,祈求神灵保佑使灾疫远离人间;到了汉代,冬节正式成为一个单独的重大节日,官府举行"贺冬"仪式,官吏休假、边塞关闭,商旅停业,百姓走亲访友;唐宋时代,冬节庆贺活动渐达鼎盛,与庆贺新年规模相当,皇室要到郊外举行祭天典礼,百姓要祭祀祖先、叩拜尊长。宋人记录当时京城过节的情景说,"十一月冬至,京师最重此节,虽至贫者,一年之间,积累假借,至此日更易新衣,备办饮食,享祀先祖。官放关扑,庆祝往来,一如年节"。直到明、清两代,皇室还保留着称为"冬至郊天"的祭天大典活动,百官要向皇帝呈递贺表,官吏相互之间也要"投刺"祝贺,民间则多为尊长祭祖,宴饮娱乐。

说到宴饮,就不能不说"冬至进补"的传统。冬令时节以滋补食品加强营养,是中华民族饮食文化的重要内容。人类生活在自然界里,

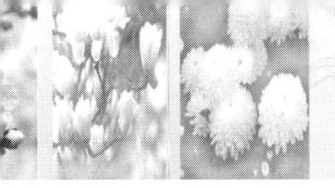

第十七个节日　冬至

与自然界其他动物乃至植物一样，其机理功能是随季节不同而变化的，都遵循着"春生、夏长、秋收、冬藏"的内在规律。人的身体在冬季同样处于"封藏"时期，选择这个时节来滋补，可以使营养物质易于吸收和蕴蓄，进而发挥更好的作用，正如民谚所说："冬至进补，春来打虎"，这无疑是中华民族"应天顺时"世界观在饮食习俗上的具体表现。

在我们的祖先看来，最富有滋补价值的食品，要数狗肉和羊肉。据说，冬至吃狗肉的习俗源自汉代，相传在某一年的冬至，樊哙为刘邦煮狗肉，刘邦食用以后，感觉不仅味道鲜美，而且体力倍增，为此，汉高祖对狗肉赞赏有加，故事流传开来，人们纷纷仿效，从此便形成了冬至吃狗肉的习俗。今天，狗作为宠物越来越多地进入了人们的家庭，成为与人类生活朝夕相伴的朋友，食用狗肉被很多人，特别是动物保护组织看成是违背人类文明和道德的行为，进而加以抗议和反对。应当承认，作为人类宠物的狗，同其他作为宠物的动物，比如像猫、鸟、猪、鼠等一样，我们必须像朋友一样对待，不能虐待，更不能宰杀、食用，这是人类文明和道德的基本要求。但是，对于保留着食用狗肉传统的地区和喜欢吃狗肉的人们而言，专门饲养食用"菜狗"的行为，是否应当得到人们的宽容和尊重呢？让人类文明的进步做出选择吧。

饺子是冬至必备的节令食品，冬至吃饺子的传统据说与东汉末年"医圣"张仲景有关。张仲景写有《伤寒杂病论》，留下了"不为良相则为良医"的名言，毅然辞去长沙太守的官职，回乡行医治病。传说张仲景回乡之时正值冬季，见沿途百姓为饥寒所困，不少人的耳朵都冻坏了，于是让弟子们搭棚支锅，将羊肉连同一些驱寒食材下锅熬煮，然后将羊肉等食材捞出切碎，用面皮包成形似耳朵的食物，唤做"娇耳"，分给众人食用，每人一碗热汤，汤中有"娇耳"两只，称服用此汤食可祛寒护耳。百姓用后，周身暖和，两耳发热，效果明显，于是"娇耳祛寒汤"广为流传，

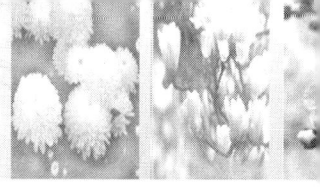

逐渐演变为后来的水饺,人们称其为"饺子"、"扁食"。冬至吃饺子,既饱口腹之欲,又取祛寒防病之意,民间有"冬至不端饺子碗,冻掉耳朵没人管"的谚语,难怪饺子成为节令食品的首选。

除了吃饺子以外,有些地方流行在冬至吃馄饨的习俗。古时候,逢冬至日,道观便有盛大的法事活动,庆贺元始天尊诞辰。道教认为,元始天尊象征天地混沌未分的世纪,在这个阴阳转换的时刻,须破除混沌、彰显道气,馄饨与混沌相近,遂使民间流传冬至吃馄饨的习俗。《燕京岁时记》有记载说:"夫馄饨之形有如鸡卵,颇似天地混沌之象,故于冬至日食之"。

华夏幅员辽阔,各地风情迥异。冬节期间,江南水乡流行吃红豆糯米饭、"冬至团";潮汕地区讲究吃"甜丸"又称"冬节圆"的节令食品;云贵地区时兴吃"豆面团";西北人家则喜欢吃一种叫做"头脑"的羊肉粉汤;台湾同胞保留着冬至蒸"九层糕"的传统。

中华民族传统的计算和表示冬季时令的方法,叫做"数九",即从冬至开始①,每九天为一个时段,共有九个时段,是整个冬天最冷的时期,第一个九天叫做"一九",第二个九天叫做"二九",以此类推,直至"九九",冬去春来。有歌谣流传至今:

一九二九不出手;

三九四九冰上走;

五九六九河边看柳;

七九河开,八九雁来;

九九加一九,耕牛遍地走。

冬季里的这八十一天,是寒冷难耐的日子,我们的祖先在这段日子里,以九数之,屈指度日,故称"数九"。有寒冷的煎熬,

---

① 现在一般的计算方法是从冬至后第一天开始。

第十七个节日 冬至

就必然产生消除寒冷的愿望。在古代文人中流行的所谓"消寒"活动，就是典型的例证。比如，文人宴饮，特意挑选一个"九"日，邀九位亲朋，餐台上用九碟九碗，摆"花九件"席，然后大吃一顿，将食物一扫而光，取"九九消寒"之意。

帮助百姓"数九"度日更有文化韵味的方法，要数"九九消寒图"了。古时候的"消寒图"形式多样，俗的一种，是在可供张贴的白纸上画纵横各九栏的格子，每个格子里面画一枚铜钱，共八十一枚，每天用笔涂抹一枚，并按照"上阴下晴，左风右雨雪当中"的口诀来涂抹，整幅"消寒图"所有的铜钱都涂抹过了，不仅冬去春来，而且记录了整个冬天的气候资料，的确是老百姓消磨时光的有趣办法。雅的一类，是如同描红模子一样的书法图，图上写有一句诗，诗句由九个字组成，每个字又是九画，共八十一画，每天在一个字上描一画；或写一副对联，上下两联各为九字九画，每天上下联各描一字中的一画，全部描好后，八十一天也就过去了。若想同时记录天气，就用不同颜色描字，比如，晴为红色，阴为蓝色，雨为绿色，风为黄色，落雪则空白。还有"梅花消寒图"，"日冬至，画素梅一枝，为瓣八十有一，日染一瓣，瓣尽而九九出，则春深矣"。更有韵致的叫做"佳人晓妆染梅"，即窗间贴一幅白梅图，共八十一朵，妇女每天晨起梳妆时，用胭脂涂抹一朵梅花，八十一朵梅花全部涂成胭脂色，人们称其为"由梅而杏，由冬而春"，正如古人诗中所述："试数窗间九九图，余寒消尽暖回初。梅花点遍无余白，看到今朝是杏株"。

在这样一个其乐融融的节日里，谁还惧怕寒冷呢？

腊 八

自东汉以后，佛教逐渐在中华大地兴盛起来，并且不断本土化，佛也逐渐成为中原百姓信仰中的第一大神，佛教故事和传说广为流传，与中华传统文化融合得越来越紧密。传说中，佛祖释迦牟尼最初出家修道时并无收获，后经六年苦行，于十二月八日在菩提树下悟道成佛。在这六年苦行中，每天少食寡餐，后世信徒为牢记他所承受的苦难，便将每年十二月初八定为"佛祖成道日"，并吃水清米寡的稀饭以志纪念。习惯上，我们祖先称十二月为"腊月"，人们便认为"腊八"作为一个节日，起源于佛教的"佛成道节"。

其实，腊月初八作为一个节日，远早于佛教传入中国。根据史书记载，先秦时代即在每年的十二月举行大型祭典活动，以报答一年来对百姓生产、生活有所帮助的神灵们。其中，特别是以祭祀与农事有关八种神明为主，这八神分别是：先穑①神农、司穑后稷②、农官田

---

① 穑，se，四声。
② 稷，ji，四声。

第十八个节日　腊八

畯①、田舍邮神、田间小路神、田间沟渠神,以及吃鼠的猫神、吃野猪的虎神,因此,这种祭祀又被称为"八蜡。②"由于"八蜡"必须使用打猎收获的禽兽肉干来祭祀神明,所以,蜡祭也常常被写做"腊祭",腊祭乃"岁终大祭",是一个重要节日,要"纵吏民宴饮",古书记载说,节前五日杀猪、三日杀羊,前二日开始扫除,备膳食。晋代有《大蜡》诗将腊日盛况夸耀为:"有肉如丘,有酒如泉,有肴如林,有货如山"。可见腊祭规模之宏大、场面之壮观。于是,人们把年末的腊祭之月称为"腊月"。据说腊祭日具体在腊月的哪一天,早先并不确定,以后人们迎合"八蜡"之意,以腊月初八为腊祭日,或称"腊日"、"腊节"。

历史长河沧桑巨变,先前祭祀众神的"八蜡"本意渐渐淡化,终于在元明以后,将腊祭从国家祀典中取消,腊日演变为佛教纪念"佛成道日"的寺庙活动,而留在民间的,似乎只有喝腊八粥的习俗了。

"腊八粥"最初是寺庙向门徒以及善男信女们赠送的。传说佛祖释迦牟尼苦行时曾经饿昏在路上,被一位善良的牧羊女用一碗奶粥救活。为纪念这一事件,佛家弟子在每年腊月初八的成道节,仿照牧羊女的办法,用谷物、干果等熬制"腊八粥"。有寺院的僧人手持钵盂,沿街化缘,将百姓施舍的五谷杂粮积攒起来,待腊八节时熬成腊八粥,再分送给僧俗信众,被穷苦民众称为"佛粥",认为食用"佛粥"可以得到佛的护佑。据说在杭州著名的天宁寺里,有一间专门储藏剩饭的"栈饭楼",平时,寺僧们把每天剩下的饭晒干,放在"栈饭楼",到腊月初八的时候,煮成腊八粥分赠信徒,称为"福寿粥"、"福德粥",意思是说吃了这样的腊八粥以后,可以增福增寿,也算是表现了当时寺僧爱惜粮食的美德吧。

---

① 畯,jun,四声。
② 蜡,zha,四声,古代年终祭祀活动。

与寺庙的做法不同，尘世间的腊八粥就讲究了许多。据说，腊八节食用腊八粥的习俗自宋代形成，元代《燕都游览志》记载说："十二月八日，赐百官粥，以米果杂成之。品多者为胜，此盖循宋时故事"。由此可知，腊八粥使用的材料不断增加，开始叫"五味粥"、"七宝粥"，后来又叫"八宝粥"，至于用哪八种食材制作，各个时期、各个地方均有不同，但多用糯米、红豆、枣子、栗子、花生、白果、莲子、百合等煮成甜粥，还有加入桂圆、龙眼肉、蜜饯等同煮的。明代《永乐大典》记载说："是月八日，禅家谓之腊八日，煮经糟粥以供佛饭僧"。清代有记载说，每逢腊八日，在雍和宫内万福阁等处，用锅煮腊八粥并请来喇嘛僧人诵经，然后将粥分给各王公大臣，品尝食用以度节日。光绪年间，"每岁腊月八日，雍和宫熬粥，定制，派大臣监视，盖供上膳焉"。宫廷如此，百姓的做法更是因地制宜，风格独特，白米、黄米、江米、菱角米、薏仁米、珍珠米、红豆、绿豆、黄豆、黑豆、芸豆、豇豆、桃仁、杏仁、大麦仁、花生仁、松子仁、桂圆肉、荔

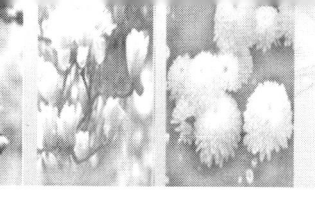

第十八个节日 腊八

枝肉，甚至牛羊肉，食材五光十色；甜的、咸的、辣的，口味五花八门。而有些北方地区，过腊八节却不吃腊八粥，吃一种叫做"腊八面"的食物。

在北方，特别华北地区，过腊八节还有一件事情几乎是家家都要做的，那就是腌腊八蒜。腌腊八蒜很简单，但却可以收到"一举两得"的实惠，紫皮蒜把皮剥净后，用米醋腌在密封的罐子里，蒜就会慢慢变成翠绿色，吃起来辣味会柔和许多；腌过蒜的醋，酸味也会柔和许多，既成就了"腊八蒜"，也成就了"腊八醋"，就着这两样佐料吃饺子，是北方人，特别是北京人的最爱。说起北京人，"腊八蒜"意味深长。据说在老北京，"腊八蒜"还有"腊八算"的含义，因为做生意的北京人既要求利，又特别好面子，年末算账发现别人欠了自己的账，登门要钱总是张不开口，就在节日拜访的"掩护"下，以腊八蒜为礼品赠送对方，暗示算账的意思，且腊八蒜就是"醋蒜"，"醋"与"催促"的"促"同音，意思就是催着对方赶快结账。

除了腊八节的饮食习俗以外，有些地方还在节日期间举行跳傩①活动，这种活动来源于古老的腊月傩舞。跳傩本来是本地居民自发的公益性驱鬼活动，但是在演变过程中，逐渐变成城镇"丐帮"的"专利"，这些沿街乞讨的人们化彩妆、穿戏服，敲锣打鼓，以为商户、酒肆驱鬼除魔的名义，巡门乞钱，这就是腊八节期间的另外一道"景色"——跳灶神。

---

① 傩，nuo，二声，古代的一种迎神仪式，用一套类似舞蹈的动作，来驱逐疫鬼。

第十九个节日

腊月二十三

夏历（即农历，俗称阴历）十二月二十三[①]，在中华民族古老的节庆文化中，是一个祭"灶神"的日子。在中国古代，灶神被认为是一家之主，具有十分显贵的地位，民间俗称其为"灶王爷"。有人说灶神是人文始祖黄帝，也有人说灶神是为人间传播火种的"火神"祝融，不论灶神所指是谁，其权威性在中国古代从未动摇过，家家户户的灶间都会恭敬地摆设灶神的牌位，或张贴灶神的画像，传说中，灶神是玉皇大帝钦封的"九天东厨司命灶王府君"，因而又称"灶君"，负责管理各家的灶火，保佑各家的平安。到了唐代，灶神又增加了"监察官"的职责，为玉帝督查子民的言行，并定期返回天庭报告，凡被报告有罪的，大罪判减寿三百天，小罪判减寿一百天，所以，百姓人家在灶王神龛两侧，贴"上天言好事，下界保平安"的对联，由此看来，灶神是万万怠慢不得的。

[①] 也有"北方二十三，南方二十四"的说法；还有"官三，民四，商（船）五"的说法，即官宦在二十三、平民在二十四、商（船）家在二十五。

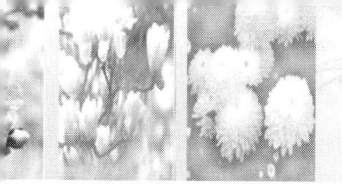

第十九个节日　腊月二十三

知道了灶王爷的厉害，就能够理解我们的祖先要在旧岁之末、新年之前，隆重祭拜灶神的原因了。祭拜灶神，简称为"祭灶"，是一项历史悠久、影响深远、流传广泛的民间祭祀活动，祭灶渗透在百姓的日常生活当中，家庭中每遇急难险困，我们的祖先都会首先求助于灶神，因为求助于这位神仙是最近便的，而腊月二十三的祭灶活动，主要内容则是"送灶神"。灶神自上年的除夕以来，一直留在家中"值守"，到了腊月二十三要返回天庭"述职"，报告本家人等的善恶，因此必须为灶王爷隆重"饯行"。

送灶神的仪式称为"送灶"或"辞灶"，仪式规矩十分讲究，腊月二十三黄昏时分，先由家人在灶房摆设供桌，陈列用饴糖制成的"糖瓜"以及其他酒肉、果品，特意供奉"糖瓜"的目的，是想粘住灶王爷的嘴巴，以防"胡言乱语"，即便开口说话，也是"嘴甜"说好话。按照"男不拜月，女不祭灶"的规矩，送灶活动完全由家中主事的男子操办。天色黑暗之后，将用松、柏、冬青枝条扎成的小把灶柴，以及用秫秸或竹篾做骨架扎制成的灶王坐骑、鹰犬等，在灶神像前摆放停当，并准备好一张新的灶神画像，然后由送灶的操办人恭敬地取下已经在神龛或墙壁上站立了一年的"灶神"，再恭敬地换上已经准备好的新的灶神画像，这时，参加送灶活动的家庭男性成员要齐唱祭神的歌曲，并向灶神鞠躬拜谢。这个仪式完成以后，便用灶柴将摘下的灶神像，以及灶王坐骑、供灶王御使的鹰犬等，一同烧掉。

腊月二十三的祭灶，表现了中华民族先民们在文化信仰和精神寄托上朴素和实在，人总是要有信仰和寄托的，对于古人来说，与其信奉遥远的、虚无缥缈的神仙，不如信奉近在身边、与柴米油盐关联密切的"灶王爷"。在他们虔诚地面对灶神画像默默祈祷的时候，内心深处盼望神灵带来福祉，也担心自己的不当和过错

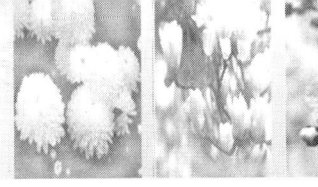

受到神灵的惩罚,从而焕发向善的愿望,这不能不说是古代文明对于大众的一种教化作用。

围绕祭灶,腊月二十三是一个欢乐的节日,人们在祭灶之后,便开始迎接新年的准备工作,其中主要的一项,就是打扫房间,收拾庭院,"卫生运动"从这一天开始,一直持续到除夕,人们称其为"扫尘日"、"迎春日",扫尘,在北方叫做"扫房",在南方叫做"掸尘",不仅洒扫房屋庭院,还要拆洗被褥,清洁器皿,过年的气氛油然而生。

孩子们最喜欢的是吃"灶糖",灶糖是一种麦芽糖,黏性很大,把它抽为长条形的糖棍就是"关东糖",压成扁圆形就叫做"糖瓜",把灶糖放在屋外,在严寒天气里,灶糖会凝固且在芯里出现微小的气泡,吃起来脆甜香酥,别有风味。

妇女们则开始为打扫一新的房屋准备窗花,窗花的样式丰富多彩，心灵手巧的姑娘、媳妇们能够剪出许多动物、植物形状，并组合成寓意吉祥的图案，比如，喜鹊登梅、孔雀戏牡丹、狮子滚绣球等，她们剪出鹿鹤桐椿，寓意"六合同春"，剪出五只蝙蝠围绕寿桃，寓意五福捧寿，前出莲花鲤鱼，寓意"连年有年馀"。

正是因为腊月二十三充满了浓浓的年节味道，所以，人们把这一天称为"小年"。

除　夕

　　夏历一年当中的最后一天叫做"岁除",一般是在十二月,也就是腊月的三十或二十九,因而也叫"年三十",而除夕则是指这一天的晚上。为什么这一天的节日不叫"岁除"而叫"除夕"呢?道理和元宵节是一样的,节日的最精彩的内容在晚上,过节其实就是要过这个夜晚。

　　根据古籍的记述,远古的人们在新年的前一天,用击鼓的方法来驱逐"疫疠之鬼",这是除夕节令的最初由来,而"除夕"这个词,则最早出现在西晋。除夕作为一个节日,其实是过年节的一个组成部分,在中华民族的传统文化中,自腊月二十三开始,一直到来年的正月十五,都会被人们看做是过年。但是,除夕的节日活动内容,又确实有着与大年初一不同的特点。

　　作为岁时民俗中最重要的节日,除夕最能打动华夏子孙的,就是以阖家团圆为主题的年夜饭,直到今天,这桌意味深长的典型的"中国菜",依然牢牢牵动着无数中华儿女的神经,多少人不远千里,不辞辛苦,即便是风尘仆仆,也要赶回家中,与亲人,特别是父老共进这

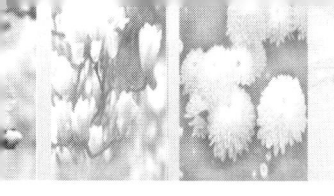

第二十个节日　除夕

顿晚餐。除夕夜的团圆饭起源悠远，准确时间已无从查考，据说在古代，有官吏甚至将狱中囚徒释放回家，与亲人共享年夜饭。

在古代，年夜饭十分讲究，尽管除夕这天朋友之间有相互走访"辞岁"的风俗，如《燕京岁时记》所载："凡除夕，蟒袍衫褂走谒亲友者，谓之辞岁"，但晚餐是断不邀请家庭成员以外的亲友出席的。在祭拜祖先之后，一家人按照长幼之序落座，年幼或辈分低者，要向年长或辈分高者敬酒，说吉祥、祝福的话，而年长或辈分高者，则要对敬酒者予以勉励。年夜饭的酒是非喝不可的，即便是不会喝酒的，也要多少喝一点，以示庆贺之意，这个时候喝酒要"品"，绝不能"豪饮"，讲究酒的品质和喝的雅致。年夜饭菜肴丰盛，品种多样，但只有两道菜是当然的"主角"，一道是火锅，摆在席上热气腾腾，吃到肚里暖意洋洋，取红红火火之意；另一道菜就是鱼，而席面上这条鱼就更有讲究了，在有些地方，这条鱼只是"摆设"，谁也不能真的把它吃了，因为这条鱼代表"年年有余"和来年的"富裕"，不能把它碰坏了。而在另外的一些地方，这条鱼是可以吃的，但必须剩下一些，寓意"有富余"，也是和了"年年有余"的意思。用餐之际，即便是家教森严的豪门大户，也一改"食不言，寝不语"家规，亲人之间相聊甚欢，其乐融融。

年夜饭用过以后，一家人欢聚"守岁"通宵不眠。据说，除夕守岁的习俗，始自南北朝时期，苏轼《守岁》诗生动描写了除岁达旦不眠的情景，其中，"儿童强不睡，相守夜喧哗"的诗句脍炙人口。守岁，具有年终岁尾驱鬼除魔的意味，起源于上古时代，那时的人们聚拢在一起，点燃篝火，彻夜不眠，以共同对付恶魔。传承下来的守岁则充满了欢快的气氛，人们或饮酒畅谈，或燃放爆竹，贴春联、换门神，有些地方的人家在庭院里燃烧松枝，称为"熰岁"；有些地方还把芝麻秸铺撒在院子里，家人踩上去就发出"噼噼啪啪"的响声，称为"踩岁"。

· 111 ·

除夕还有"接神"的仪式，也就是迎接在腊月二十三"上天言好事"的灶王爷回家，但与"送神"相比，仪式简单了许多，只是在四更时分摆上供桌和供品，焚香点灯，为灶神照亮、引路。这个仪式虽然简单，但却必不可少，因为灶王爷不是一个人回来的，跟着一起来的还有各路神仙，这些神仙来到人间过年，降临谁家就会给谁家带来福气，没有香火引路，岂不是会错过了机会？

除夕夜还有置"压岁钱"的风俗，现在的人们知道长辈给晚辈压岁钱，其实，传统上的压岁钱有两种，一种是人们熟悉的给孩子的压岁钱，据说"压岁"有"压祟"的意思，象征长辈用自己的付出为晚辈"压住新的一岁"，希望孩子们在新的一年里不生病遭灾；另一种压岁钱则如古人所说："以彩绳穿钱，编作龙形，置于床脚，谓之压岁钱"，也是求来年基业稳固，家事兴旺。

除夕之夜不仅有轻松愉快，也有忙碌辛劳，这就是为过新年包饺子的活计，这个活计一般由家中的女性承担，由于大年初一有不动刀剪的习俗，所以，大年初一的饺子馅必须在大年三十就准备完毕，于是乎家家户户的厨房里，"当当当当"的剁馅声响成一片。

说到包饺子，北京有自己的地方特点。在老北京，除夕夜包的饺子叫做"素饽饽"，就是不放肉的素馅饺子，无论贫苦百姓还是富贵人家，大年初一都吃"素饽饽"，而且要求极为严格，不仅饺子馅是全素的，连包饺子、煮饺子、盛饺子的器具也不能沾染荤腥，忙得各家主妇们先要把锅碗瓢盆用碱水彻底清洗干净，再洗菜剁馅准备包饺子。据说北京人除夕包素馅饺子，原因在于这一天包的饺子是"请神饺子"，是"招待"下界回家的灶神以及随他而来的各路神仙的，神仙们来考察善恶，当然不以杀生为好；再说各路神灵个个都是仙风道骨，恐怕是以素食者居多，用"素饽饽"款待比较合适。

除了燃放爆竹烟花之外，除夕的户外活动就是换门神和贴春